我害怕，
你說你也喜歡我

夏林溪 著

PART 1

如果不能住在你心裡，都是客死他鄉

PART 2

我只是怕，驚動了愛情

PART 3

愛是想觸碰，又收回手

PART 4

愛，只能遇見，無法預見

PART 5

不要對我好，我習慣了就會期待更多

PART 6

有多少人，以友情的名義愛著一個人

前言

　　每個人的心裡都有一座城，城裡住著一個人，雖然近在咫尺，卻又遠隔天涯。每個人的心裡都有一個不可能的人，就算是非常喜歡，但又不能在一起。

　　世界上最遠的距離，不是我在地球的最這頭，而你卻在地球的最那頭，也不是我在你身邊，你卻不知道我愛你，而是你明明知道我愛你，卻不遠不近地與我平行，讓彼此永遠沒有交集。

　　有的人把心都掏給你了，你卻假裝不知道，因為你不喜歡；有的人把你的心都掏了，你還裝不痛，因為你愛他。愛一個人不一定要在一起，但在一起了就要好好珍惜。因為曾離我們僅一步之遙的人，一旦錯過，之後即使化身絕世英雄，身披金衣金甲，腳踏七彩祥雲，一躍十萬八千里，也未必能追得回來。

　　多少人以友情的名義，愛著一個人；多少人以友情的名義，拒絕一個人。多少人不敢說出來，害怕說出來後連現在這樣都不可以了。

　　多少人喜歡一個人，只是告訴了她，而後轉身離去，再也不提；多少人喜歡一個人，卻是始終都沒有告訴她。

　　多少人愛著，卻似分離；多少人走著，卻似困在原地。

　　多少人敗給了一個「等」字；多少人約定，轉身後誰也

不再回頭，可是誰也忍不住。

多少人見證了很多愛情，卻沒有見證他們的婚禮；多少人來到你的生命，便匆匆離去，再也不見；多少人走進你的生活，只是為你的人生上一節課。

多少人曾想與你一起顛沛流離；多少人一直活在你的記憶裡，卻怎麼也想不起來。

多少人放開了你手，卻盼望你能回來；多少人挽留過你，可終究沒挽留得住，你挽留過多少人，也是如此。

多少人想知道哪天自己喝醉了，一個人走在街頭，會歇斯底里地喊出誰的名字。多少人在一起，發誓永遠不分開；多少人因為你的丟失，而翻遍了全世界。

多少人明知道你們不可能，卻對你噓寒問暖，一如既往；多少人買了雙人票，卻一個人去看電影；多少人想在雨天替你送傘，卻怕你不接受。

多少人愛你，愛了整整一個曾經；多少人想你，想了整整一個過去；多少人告訴自己不要改變自己，卻還是因為你失去堅持。

多少人想陪你看第一場雪，你也想有人陪你看雪，可是對方卻不是彼此；多少人喊你傻瓜與笨蛋，其實他喜歡上了這個傻瓜與笨蛋。

　　多少人想你，無時無刻不，每時每刻都；多少人每天都打扮好自己，只為能與你遇見時的第一印象。

　　多少人珍藏著一個小物品，那是你送的；多少人持有一個小物品，為將來送給某個人。

　　多少人把眼淚埋在深處，輕輕地說祝你幸福。多少人曾在充滿霧氣的玻璃上，寫下一個人的名字，然後匆匆擦去。

　　多少人從遠方趕來，只為看你一眼又匆匆離去；多少人分手了，一個去流浪，另一個還在原地傻傻地等。

　　多少人為了愛奮不顧身，又有多少人為了愛，退避三舍；多少人在尋覓，多少人在等待奇蹟。

　　原來想要刻意忘記的，卻會情不自禁地想起；想要放棄的，卻無法做到灑脫地放手。有些感情，明知道不會再繼續；有些人，明知道不值得珍惜，但就算嘴裡說著無所謂，而面對曾經深愛的人，誰又能做到心如止水？

　　深深地愛上一個人的感覺，有時想想，竟然完全與甜蜜、幸福、喜悅這些詞語無關，而是，「害怕」。害怕一個人的冷清，害怕夜晚時的寧靜，害怕睹物而思人，害怕觸景而傷情……，也因怕分離而惶恐，因怕辜負而患得患失。

　　可是，深深愛過的人都知道：這樣的緣分，在有生之年狹路相逢，終究是不能倖免的。

PART 1

如果不能住在你心裡，
都是客死他鄉

有天，你繞著我跑了好幾圈，
我問：「你在幹什麼？」
你說：「我在環遊世界啊！」

你出現的時候，
我就知道等的人是你

於千萬人之中遇見你所要遇見的人，於千萬年之中，
時間的無涯的荒野裡，沒有早一步，也沒有晚一步，
剛巧趕上了，那也沒有別的話可說，
唯有輕輕地問一聲：「噢，你也在這裡嗎？」

● ○ ○

　　每天他都習慣坐在公車最後一排的角落，靜靜地注視著她。

　　那個她總是習慣性地坐到最前排的右手邊，而每次下車前都會用左手順一下耳旁的頭髮。

　　他每天靜靜地看著她出現，看著她靜靜地坐著，看著她順耳邊的頭髮，直到她完全消失在車門外，他這才嘴角微揚，轉頭望向車窗外的風景。

　　實際上，女孩每天上公車都注意到有個男生一直坐在最後一排，所以她總愛坐到最前排的右手邊，讓他能看到自己。

● ○ ○

　　於萬千的人群中，於無際涯的時光裡，一個人沒有早一步，也沒有晚一步，恰巧奔赴到你的人生中來，這，何嘗不是一種深深的緣？

　　假如我來世上一遭，只為與你相聚一次，只為了億萬光年裡的那一剎那，一剎那裡所有的甜蜜與悲淒，那麼，就讓一切該發生的，都在瞬間出現吧。我俯首感謝所有星球的相助，讓我與你相遇，再與你別離，完成了上帝所作的一首詩，然後，再緩緩地老去。

　　始終相信，遇見是上天的恩賜，也許，今生我就是為尋你而來。想像著，在落滿楓紅的小徑上，與你十指相扣，不求地老天荒，只求莫失莫忘；想像著，在這個冬季，你的柔情微笑會如雪花般開滿我潔白的手臂，沿思念的脈絡瘋長，我會深情地握住這份幸福，用你的名字取暖。

　　沒有人知道，這世界上，究竟有多少情，屬於淺相遇，深相知；更沒有人知道，這世界上，究竟有多少情，屬於默然相伴，寂靜歡喜。

　　人生猶如一場戲，在每一個轉捩點，總有意想不到的邂逅。

　　有的相遇成歌，註定了在這綣綣紅塵中，相攜而去。有的轉身為念，註定了行色匆匆，獨自而行。

　　其實，上蒼是公平的。在為我們關上一扇門的時候，自會為我們打開一扇窗。所以才有了離別成歌，相思成語。所以我們的人生才有了韻味，才有了紛擾。

　　是誰在午夜訴說著那悲傷的心事？那糾結在心底的落寞和著那纏繞在枕邊的青絲，一圈兒一圈兒，一輪一輪。輕拾一片，握於掌心，輕輕吹平那歲月所留下的印記。一遍又一遍。

　　抑或是同樣的心境，抑或是心靈深處的柔軟，讀著這樣的文字，讀著這樣的心情，竟，無語凝噎，泣不成聲。

　　相知，只是一刹那間，註定，從此會走進彼此的世界，故事，因此生動起來。

　　你給我的幸福感，我捨不得張揚，只有淡淡的相守。就像這場相遇，沒有抑揚，亦沒有頓挫。故事平淡得猶如一眼清泉，輕輕地，靜靜地流淌在歲月的長河裡，不起波瀾，偶有漣漪。

　　遙望，在路盡處，一片暗香襲來，是你，踏歌而來；凝眸，在林深處，一縷淡香飄來，是我，逆水而上。

　　平平仄仄，深深淺淺，無不演繹著那份真實與平和。

　　有些人，只是一個轉身，卻已是天涯，就像有些事，只是一個轉折，卻已是海角。何謂天涯？又何謂海角？沒有人知，也沒有人曉，只是一直前行，一直前行。

　　有些情，只是一個凝眸，卻已是天長，就像有些愛，只是一個牽絆，卻已是地久。何謂天長，又何謂地久？或許只有你知，只有我知，只有紅塵中那些善念的人會知。

如果不能住在你心裡，都是客死他鄉

總有一個人，

一直住在心底，卻告別在生活裡。

有個人放在心裡，是件收藏，

如此才填充了生命的空白。

太陽尚遠，但必有太陽。

● ○ ○

兩人分手後多年，在一個城市不期而遇。

男子問：「妳好嗎？」

女子答：「好。」

男子又問：「他好嗎？」

女子答：「好。」

女子問：「你好嗎？」

男子答：「好。」

女子又問：「她好嗎？」

男子答：「她剛告訴我，她很好。」

● ○ ○

　　愛，是令人日漸消瘦的心事，是舉箸前莫名的傷悲，是記憶裡一場不散的筵席，是不能飲、不可飲，也要不顧一切的，一醉。

　　我難道是真的在愛著你嗎？難道，難道不是，在愛著那不復返的青春？那一朵，還沒開過就枯萎了的花，和那樣倉促的一個夏季？那一張，還沒著色就廢棄了的畫，和那樣不經心的一次別離？

　　我難道是真的在愛著你嗎？不然，不然怎麼會，愛上，那樣不堪的青春。

　　我相信，愛的本質一如生命的單純與溫柔。我相信，所有的光與影的反射和相投。我相信滿樹的花朵，只源於冰雪中的一粒種子。我相信，三百篇詩，反覆述說著的，也就只是年少時沒能說出的，那一個字。

　　我相信，上蒼一切的安排。我也相信，如果你願與我，一起去追溯，在那遙遠而謙卑的源頭之上，我們終於會互相理解。

　　其實，我盼望的，也不過就只是那一瞬，我從沒要求過，你給我，你的一生。

　　如果能在開滿了梔子花的山坡上，與你相遇，如果能，

深深地愛過一次再別離，那麼，再長久的一生，不也就只是，就只是，回首時，那短短的一瞬。

愛，那麼短，而回憶，卻那麼長。這短短的一瞬，會在不經意間刻骨。如果沒有失去，人就不會懂得珍惜，如果沒有感受到甜蜜幸福，也不會為分別痛苦。

你說我是船。你以灼熱的胸口貼緊我面頰，我怎麼能不痛痛快快地哭出淋漓盡致，把你濕成大海，有多少水就有多少柔情。再用我僅有的一生，生出一萬簇紅唇，吻你成唇印斑駁的海灘，你的存在便是我的坦然。縱使滄海之外更有滄海，我是一只倦遊的船，我要——擱淺。

從此不願再遠行。此行的終點已站著你。這之後，沒有什麼不能失去。

如果望不見你，這扇窗，用來做什麼？等遠行的你最後一次回眸，我就掩上它。風景為全世界的眼睛而生，我只為你。

一次真愛就是一場生死。

我想以整個生命為絕望的愛情殉葬。

是你把我移植到焰火人間，種在你玫瑰色的溫柔裡。我

怯怯地步向這生命轉彎的地方，如履薄冰。柴米油鹽，七情六欲，灶小恰餵兩人，竹影斜過紗窗。

　　當我把對你陌生的部分漸漸彌補整齊之後，才知道有時只擁有一朵花，已然勝過整個花季。此心已足。

　　誰能測量出十七歲與七十歲愛情濃度的差別？就算死神逼近，我們不流淚，沒有愛情到達不了的距離。還在乎什麼生死離別，在初識時已經不朽，愛情與四度空間等長。

這是個流行分離的世界，
但我們都不擅長告別

分別得太突然，我們來不及告別。

這樣也好，因為我們永遠不告別。

● ○ ○

再見面時，她牽著一個三歲左右的孩子，而他挽著一個年輕漂亮的女孩。

「妳，過得好嗎？」他先開口。

「嗯，很好，你呢？」她也問。

「我，也很好。」他答道。

男人笑道，伸手摸了摸三歲小孩兒的頭。女孩也大方的和她握手。然後，各道一聲珍重。只是各自的路上，那孩子和女孩都問：

「小姨，他是誰啊？」

「表哥，她是誰啊？」

● ○ ○

　　人生中，我們總是在不斷地告別，不斷地說再見。這樣的告別每天都在不同的城市、不同的角落演繹。有些告別只是為了下一次更好的相見，可有些告別卻成了永遠的再也不見。

　　要過多少年，我們才能將激盪的感情收起，變得緘默從容，告別富於挑逗的美好，告別脆弱的精緻，告別無用的敏感？不會再遇到風吹草動，就草木皆兵，而是變得茁壯，就算被誤認為是倔強。

　　我們害怕歲月，有時竟不知道活著是為什麼。當愛情突然來臨，快樂便像小鳥，啁啾於枝頭；當愛情突然有一天遠走，誰又能告訴我，是否該默默承受？

　　緣起緣滅，緣濃緣淡，也許真的是有些人註定被等待，而有些人註定要用一生去等待某個人……不知道從什麼時候開始，我習慣了這樣孤寂，靜靜地品味曾經。心，也便在裊裊音韻中氤氳。

　　總有那麼幾首歌，聽著聽著就會悄然淚下，總有一些故事，想要去用筆記錄，總有一個人，讓你一生難以忘記。

　　月色迷人的夜晚，朦朧的燈火，孤獨的星辰，如此安靜

的環境，總是會讓自己的思緒飄到很遠。

　　每個人的心目中，總有那麼一個人，因為太多的理由，太多的放不下，會想用一生去守望。會想起很久沒有再翻的一本書的某段故事，會想起很久沒有聯繫的某位朋友，會想起讓自己心動過，又心痛過的他。

　　不管多美的風景，走遠了就會輕易變得模糊，可是一些感動的故事，卻可以在心裡沉澱，不管歲月如何流轉，還是那麼清晰。

　　人其實很害怕遺忘，可是還是會忘記一些人，也在不斷被別人遺忘。

　　會忘記的人，也許本來只是匆匆過客。難以忘記的人，往往和愛情相關。如果是曾經讓自己動心的人，儘管只是一次相遇，就在心田深深扎下根，一直在心裡纏繞，不管經過多少山河變遷，仍然有著刻骨銘心的記憶。

　　如果一生都是在懷想一個人，不知道是怎樣的況味，想必有著甜美的記憶，也有回不去的酸楚無奈。

　　選擇去忘記一個深愛的人，忘卻曾經的憂傷，忘卻遺憾。想要忘記也許未必是薄情，只是想用悠然輕鬆的姿態去面對未來的時光。

　　有些人，只能看著他漸漸離開，你不敢去打擾，也不會去打擾。有些人，你走不到他的生命裡，錯過了，就回不去了。有些人，你會偶爾想到他，然後笑了，你無法挽留，因為沒有勇氣。

　　當一切都散場的時候，就覺得自己不重要了。你的生命裡已經有了人，我又怎麼能走得進去？我們之間，從陌生到熟悉，從相愛到陌生，始終都保持著一顆心的距離。我們都很有默契，都不會走進彼此，都選擇沉默和祝福。

　　或許這樣的我們都不會覺得難過，都不覺得虧欠了誰。

愛不是談來的，
而是墜入的

> 戀人之間總會說很多無聊話，做一些無聊事，
> 幸福就是有一個人陪你無聊，
> 難得的是，你們兩個都不覺得無聊。

● ○ ○

　　他看見她在月台上用手語和一個孩子交談，知性優雅，他對她一見鍾情。他於是走近她，禮貌地用手語比劃著問路，久而久之，兩人相戀在無聲世界。

　　其實他會說話，他不顧家人反對要與她在一起。求婚時，他抱住她自言自語地說：「我愛妳！」

　　「你會說話？」她清楚地說！原來那天她只是幫那個聾啞孩子指路。

● ○ ○

　　擁擠的世界，薄涼了誰？邂逅的悸動，溫暖了誰？相遇的命運，填補了誰？嘈雜的回憶，荒蕪了誰？而我祈求的，只是安靜的午後，在轉角的街口處於熙攘的人群裡，遇一人，只一眼，便甘願傾心。

　　日子靜靜的，靜得可以感覺到呼吸帶來的律動，時光輕盈柔和，夾雜花語的曼妙，輕騷花蕾的瓣瓣香醇。總是喜歡在這樣的時光裡緬懷過往，沉澱過往的塵埃。也總是喜歡靜靜的，在這樣的日子裡，掐指細數那些生命裡的過客，默然，淚流。

　　回頭看來時的時光，熙熙攘攘的世界裡，來人走走停停，像極了零落的葉片，樹不曾挽留它，風也不會眷戀它。

　　偶爾駐足停歇，在回憶裡留下一張乾淨陽光的臉，卻在一眨眼間消失，我試著去問候，才發現你早已轉身離去，只是不經意間地，在生命裡遺留下了一道光，從未觸摸，卻感覺好像時刻都陪在我身邊，只是那麼近，卻又那麼遠。

　　都有過幾場幸福的場景，都有過三三兩兩的際遇，因為遇見了一些投緣的人，才會覺得相見恨晚，以為這就是想要的人，於是過分依賴、過度滿足。直到有一天，他離開了，悄

悄地，沒留下任何線索，卻把你認為是幸福的歸宿拉到了天涯之外。

那感覺像極了兩個異地漂泊的孩子，迎風而立，悲哀地凝望著，卻終究觸碰不到彼此。

我們無法在相遇的天空裡自由地飛翔，只是讓相遇後的場景成為彼此療傷唯一的溫柔之地，自私地用相遇後的美妙取代了曾經的陰霾。

而遇見你，只因夕陽記錯了落山的地點，我瞳孔裡的視野，從此只有了你。還是那首小詩的情結，見或不見，我都會在這裡等你；牽或不牽，我都在原地愛你。

落葉雖然不懂秋天的絮語，卻懂歸根的真諦。雪花雖不懂紅梅的情意，卻終究融化了身體襯托紅梅的豔麗。而遇見你，雖然沒有花香滿徑的場景，沒有情深意濃的浪漫，卻成了我生命裡最絢麗的筆記。

柔風輕拂著月夜，一頁泛黃的書箋書寫著與你的相遇。該有多柔美，歲月用你的溫柔在我心頭濺起漣漪，該有多陶醉，旋律用你哼唱的小曲譜寫我心間軟語。

對你的思念成了我心湖裡一艘擺渡的小船，那彎彎的船艙裝滿了我真摯的情感，真切的、溫柔的、細膩的、冷漠卻不

失霸道的，滿滿地向你駐足的方向泅渡。

　　喜歡在花的絮語下聆聽你，聆聽紛紜的情愫，解讀你過往的故事。用我即將風乾的筆墨為你寫一紙細膩的情話。你可曾留意，那滿山的鮮花早已因為你的停留為山留香，你可曾留意，那婀娜的蝶早已因為你的到來飛舞印記。
　　遇見你，惹一世花開，遇見你，便是今生最美。

謝謝你在我們走散的時間裡，發了瘋似地找過我

如果我看過你看過的世界，走過你走過的路，
是不是就能，更靠近你一點？

● ○ ○

　　他們從小相識，他一直喜歡她，而她卻一直覺得他太幼稚。長大後各奔西東，女孩了有了心儀的人，而男孩滿世界搜尋女孩的消息，他喜歡聽到她幸福，女孩的臉上掛滿笑容就是他最大的滿足。女孩和心儀的人分手後，男孩很快就出現了，只因她需要安慰，男孩的出現無疑是最好的療傷藥。可是，沒多久，女孩再次以男孩太幼稚而逐漸疏遠他。她對他說了很重的話，然後頭也不回地消失了。

　　後來，在男孩的婚禮上，女孩出現了，當然新娘不是她。男孩變得穩重、成熟。見到女孩時，很認真地說了一句：「好久不見。」那眼神裡，有一些女孩讀不出來的消息。再後來，女孩才從男孩的朋友那裡得知，女孩消失後很長的時間裡，男孩曾經發了瘋地找過她。

● ○ ○

　　如若，不曾相遇，我們便沒有了這場飛花般的別離。如若，不曾相遇，你在我的生命裡，只是一個未曾經過的網站，我不會在裡面欣喜地小憩。如若，不曾相遇，我還是我，你還是你，我不會相信生命裡會有奇蹟。

　　我曾經幻想過有一天，你會找我。於是，我時常坐在上了年歲的大樹下等你，也曾偷偷地在夜深人靜的時候翻閱我們在一起時的記憶，也曾站在樓頂向著你所在的方向感觸良多。只是，那些都是曾經。

　　於是我決定逃離，因為我不知道，我們算什麼關係，我能以怎樣的身份留在你身邊。朋友、同學，還是戀人？我曾花了好多時間，在這些關係裡冥思苦想，終不得解。我花了許多時間，喜歡你喜歡的人，做你喜歡做的事，看你看過的電影，走你走過的路。於是，我在這些跟隨你腳步的路上，迷失了我自己。

　　既然，我們不是戀人，在不在一起又有什麼關係。雖然，會捨不得那小城的煙雨，放不下那青石板路的小巷，忘不了那城裡的你。既然，我們相伴十年都成不了戀人，離不離開又有什麼關係？

後來的某一天，聽說你在某個地方。更換了一切聯繫方式的我，竟然在不經意間，仍能聽到關於你的消息。

聽說，你假期會到古城裡遊玩。遠方的我，毅然奔赴而去。我不知道為什麼，只知道經歷長達數十小時的輾轉奔波，一路由北向南而來，在車上吐得昏天暗地時，我一點也不難過。只因為，我正在一點點走向你，靠近你。

靠近你，比什麼都美好。不知道為什麼，我此番千辛萬苦而來，卻並沒有想要遇見你的打算。

我在長長的青石板路上徘徊，我遊走於林立的特色小店之中，不刻意去搜尋你的身影，只是有時會不由自主地想像，你是不是也曾走過這條街，你是不是也曾進來過這個小店，你是不是也同我一樣，坐在這個位置，靜靜的欣賞這裡的燈火闌珊。

古城很小，可是，我們自始至終都沒有遇見。其實，我不難過。你我，終究是緣淺。我想，來日方長，該遇見的終會遇見。

再後來，我遇見久別重逢的同學。從他口中聽聞，你曾經發了瘋似地找過我，聽說後來的你風生水起，聽說後來的你有女生向你告白，聽說後來的你們真的在了一起。

　　我想，有些人，是註定要錯過的，比如你。

　　但是，我不會再難過了，因為我知道，那時的你，曾經發了瘋似地找過我。

最美的時光，
是被你感動著的日子

如果我原諒了你，不是因為我聽了你的解釋，

而是我仍然愛你，被你急於解釋的樣子感動了。

● ○ ○

他們吵架了，誰也說不過誰，最後用猜拳的方式決定對錯，輸了就要道歉。

當女孩伸出剪刀的時候，男孩才緩緩的攤開手掌，是大大的「布」。女孩愕然。

男孩輕輕地說：「不管怎樣，沒有妳，我就眞的輸了。」女孩眼淚無聲的滑落，垂落在男孩溫暖的手心裡。

愛情和計較，你只能選擇一樣。

● ○ ○

　　一把傘撐了很久，雨停了也不肯收；一束花聞了許久，枯萎了也不忍丟；一種愛得不到天長地久，即使青絲變白髮也在心底深深保留……。

　　幸福，不是擁有一個人而是記住一個人。一輩子有多長誰也不知道，緣分有多久沒有人能明瞭，這條路有多長並不重要。就算陪你走不到天涯海角，我也珍惜和你在一起的每一分一秒，我會好好珍藏我們的這一段美麗情緣，我會好好保存我們曾經擁有的溫存。

　　有時想起那個離開很久的人。總希望他是好好地，過著比我幸福的生活，比以前和我在一起的時候更幸福的生活，否則這場離散便沒有任何意義。

　　那個寒冷的凌晨，你站在我的家門外。在我們激烈的爭執之後，你蒼白疲憊的臉，我一直記得。

　　累了，都累了。雖然都很想在一起走下去，但是這段愛情，終於沒有任何出路。

　　有一次我夢見你，在陽光燦爛的山頂，你看著我，還是我喜歡的英俊沉默的人，但是我知道，這一生，不會再有你。

　　我們無法給彼此一生那麼長的陪伴，你伸出手，看著我

像一隻鳥停下來，然後飛走，而我並不不知道自己可以飛到
何處。我只是隨著風的方向漂泊，顛沛流離，而內心是寂靜
的，終於原諒和接受了一切命運的無常。

　　全世界最幸福的是我，因為我把你記住了，因為我曾與
你相遇。

　　如果前生的五百次回眸才換來今生的擦肩而過，那麼前
生我們回眸了多少次才換來今生的相遇相知？我不知道木棉花
能開多久，是否值得去等候；我不知道流星能劃落需要多久，
是否值得去追求；但我知道——我會記住我們曾經擁有過的精
彩，曾經相聚、相親、相愛！

　　夢，雖然不夠漫長，但我們還需要夢想；情，總讓人受
傷，但我們都念念不忘；雨，下得再漂亮，但我們還是喜歡陽
光；你，雖然不在我身旁，但從未將你遺忘。

　　有時候幸福來得太快會讓人措手不及，有時候幸福來得
太慢會讓人孤獨彷徨。如果幸福還握在手中，那就將它牢牢
把握手心，呵護珍藏。

　　世間情多，真愛難說，曾相惜的一段情，不要說真愛無
情，至少，我們曾相遇相知，至少，我們曾相戀相思；有緣無
緣，一切隨緣，曾相牽的一雙手，不必說不堪回首，至少，我

們曾相偎相依，至少，我們曾相伴相擁。

　　人世間真真假假，誰又知道最後結果？

　　愛是一種感受，即使痛苦也會覺得甜蜜；愛是一種體會，即使心碎也會覺得幸福；愛是一種經歷，即使破碎也會覺得美麗；愛需要勇氣，一種不怕痛的勇氣，於是告訴自己，即使是無疾而終，也是一種美麗。

落寞的心，
是你流浪過的地方

你笑了笑，我揮揮手，
一條寂寞的路便展向兩頭了。

● ○ ○

　　她招手攔了計程車，上車後發現開車的是他！

　　十年前，他們是親密的戀人。她在父母的壓力下選擇了分手，從此在同一個城市從未相見。

　　「你好嗎？」

　　「我很好，妳呢？」

　　「我也好。」

　　她看到了他手上依然戴著她送的手錶；他在她下車時，聽到了她背包上那個小鈴鐺清脆悅耳的聲音，那是他送給她的。

● ○ ○

　　在同一個世界裡，你來了，我來了，不早，也不遲。在同一朵雲彩下，你看見我、我看見你，不遠，也不近。你就在那兒，有樹有水。

　　我沒有找你，我碰見你了；我沒有想你，我看見你了。我看見你了，你還能往哪兒跑呢？你是我今生今世最大的意外。這不是在夢裡，也不是在畫裡，你和我攜手同行，走進落日與大地的親吻。

　　天地如此寧靜，我聽見了，我心如此感恩，你聽見了嗎？你就說吧、說吧，今晚我住在哪呢？瞧你的長髮森林、你的明眸流水，都是我的家。

　　不愛一個人，可以有一萬個理由逃避責任、逃避對未知生活的恐懼；但愛一個人，只有一個目標：想跟對方在一起，只是想在一起，就那麼簡單。

　　我要去有你的未來，不管要面對多少困難。如果那兒沒有你，我的未來毫無意義。不知道是對是錯，不管它是對是錯，我只想和你在一起，一起等太陽出來。沒有水，你是我的水；沒有糧食，我是你的糧食。我們自始至終相信同一個神，熱愛同一個命運，因為啊，愛上你。

　　如果有時候，我會沉溺於歡樂，請原諒。我不是故意

的，你想想看，當春天來了，滿山遍野都開滿五顏六色的花，我又能怎麼辦呢？還有乾淨的石頭，清澈的水，陽光也是剛剛流出來的，你一碰就響。

不，小心些。請不要相信，我現在對你說的話，因為它真誠見心，所以易變。

如果是真的，請告訴我；如果不是真的，請告訴我。你知道的，你知道的，我就像一隻小蟲碰到了陽光，我的幸福也小心翼翼。因為啊，過往的歲月教會我，人的一生中有一個字，是冷，是徹骨的冷。所以我會在星稀的冬夜，點一堆火，慢慢想你。

累的時候，有個地方能睡；餓的時候，有點東西能吃，這多好。我怎敢要求太多。

寂寞和美好讓我們相遇，然後是生存把我們分開。當你的背影住在我的淚中，你告訴我說：生活是為了改變生活。

是啊，在生活中，想像出來的路就能走嗎？而當大雪飛過那個小鎮，我哪兒都不去，我將想你，在零度以下，想你是一種溫暖，是我的幸福。

是不是神怕我們不小心弄髒了愛情，所以只讓我們看見它，只讓我們親它一小口，便珍愛有加地收回，然後要我們在

這艱難的人間，找一個能相依相守的人，恩恩愛愛，建築家園？

　　如果真是這樣，那麼，當我在世界的盡頭遇見你，你怎麼說呢？當你就在那兒，我不喊你，如果你也看見我，而我走過去，你還能否如初次那般微笑，對我說：「嗨。」

　　結束了，劃下句號，像一滴淚。

　　握你的手，最後握你的手，再鬆開。一鬆手，就是千里之外。

被你喜歡過，
就很難覺得別人喜歡我

在缺乏自信、懵懵懂懂的年紀，

被你喜歡過，我充滿自卑和寒冷的內心多了很多溫暖。

被你喜歡過，我覺得世界更美好了。

● ○ ○

「你這輩子說過的最自私的一句話是什麼？」她問在一旁沉思的他。

他是個喜歡沉思的男人，這是她愛上他的原因，也是她討厭他的原因。他沉思的時候，常常忽略她的存在。

「最自私的一句話嗎？」他停下沉思，轉頭看她，想也沒想地說，「妳是我一個人的。」

● ○ ○

　　一個人行走在喧囂、熟悉的街道，所有的一切依然，只是我的身邊少了你的身影。從說再見的那一刻，似乎有很長時間沒再見到你了，因為我用了很長的時間去忘記那段時光中的你和自己！

　　我不知道，與你已經有多少年沒有相見，我也不清楚與你之間的距離有多長，我只知道，你轉身而去的身影留下的只是我不停息的傷痛，在那個夜晚，在那晴空的夜晚，心底淚雨滂沱。

　　有的時候我很固執，固執於自己無悔的選擇，面對你的黯然的心情，不曾有一句過多的話讓你留下。天很寬廣，地界無邊，我的思念何曾有終點，一切只為你而無盡思量。

　　有多少年了，你離去的影子依然在我的心底奔流；有多少年了，我還記著你對我說過的話；有多少年了，我還記著你抿嘴一笑的燦爛；有多少年了，我還是這樣對你深深地懷念。

　　而此刻，你已經在遠方，即便可以丈量出與你的距離，但心的距離卻更遙遠。此時，我只能在這夜色漸深的夜裡，和著細雨、和著顫慄音樂節拍，繼續對你溫情地回味。

　　謝謝你曾來到過我的世界裡，遺憾的是你還是離開了！但我相信，你喜歡過我，就已經足夠了，能讓我的生命在你記憶之中流浪。

　　曾經，喜歡一個人可以很簡單、很簡單，簡單到只是一起散步、一起聊天，卻連手都不曾牽過。曾經的喜歡也可以那麼刻骨銘心，可以省吃儉用，只為替對方買禮物；可以把對方的抽屜塞滿信箋；可以徹夜不眠只為等對方一句晚安；可以為了能和對方去同一座城市而奮鬥。

　　而現在，每個人都開始患得患失，喜歡一個人會想很多，會害怕付出、會擔心失去、會覺得丟臉、會處處算計、甚至會為了偉大的前程斬斷情絲。那些青春的「幼稚」已被世俗淹沒。

　　如果再給我一次機會，我會去試著在最開始的時候接受那些最美好的幼稚，謝謝那些喜歡過我的人，也謝謝我喜歡過的人，如果沒有那些部分，青春還有什麼可以值得懷念的呢？

　　暗戀是感情中最美好的部分，但也是最傷痛的部分，那些喜歡更耐得住考驗，有時候變成一種習慣，我會忘了我是喜歡你，還是愛上了喜歡你的感覺。

　　我會默默喜歡你很久很久。久到有一天，我發現我改掉了這個習慣，久到有一天心疼我的人出現。

　　謝謝曾經為我笑過、哭過的大男孩，以後我不知道還會不會有這種際遇了，因為被你深深地喜歡過，所以任何人的喜歡都不容易打動人了，所以，我只好學著去喜歡別人。

　　謝謝你喜歡過我，謝謝你讓我知道了，被自己喜歡的人喜歡是什麼感覺。謝謝你願意喜歡我，謝謝你願意在乎我這個醜小鴨。更謝謝你給我的回憶，我這輩子也不會忘記的。

　　如果那時候的我們有一個人先開口了，結局也許就會不一樣了，可是我們誰也沒開口。

　　這也許就是命中註定吧，上天希望我把這段時間當作最刻骨銘心的記憶，深深地埋藏在自己的回憶裡。

　　也許，正是有了這份刻骨銘心的曾經，所以到如今，別人的喜歡，也不覺得那麼歡喜雀躍了。

你一走，
我的城就空了

　　喜歡你的人很多，不缺我一個。
　　我喜歡的人很少，除了你就沒了。

　　熱戀時，男孩揹著女孩，女孩問男孩：「重嗎？」

　　男孩答：「整個世界都在背上，妳說重不重？對於世界來說，妳可能只是一個人，對於我來說，妳就是我的整個世界。」

　　後來，女孩和男孩分開了。再後來遇見時，女孩問男孩：「你好嗎？」

　　男孩只說了一句：「好壞已經不重要了，妳一走，我的城就空了。」

　　你說，在最初相遇的路口，如果我轉身，便不會有這樣那樣的事情發生。關於這場遇見，你還是後悔了。

　　你愛上一個人，沒有預期地，沒有理由地。我心裡清楚你的壞，你對我的不在乎，卻依舊自己騙自己。從此我游離在你的世界之外，活在你的謊言裡。你無處不在，在我的思念裡，在我的文字裡。

　　你讓我相信這就是完美的愛情，然後，有一天，我突然發現，這種完美太過脆弱，所謂的完美，其實少得可憐！

　　也許，你的世界我只是來過，也許，紅塵中註定只能陪你走一程。

　　一生中，我們會遇到很多人，從陌生到熟悉，從相知到相忘，一個簡單卻又無奈的過程。猶如花開花落自有時，春去秋來無須問。不去問為什麼你要離去，亦不再關注你又遇見了誰，愛上了誰。

　　最初的愛在日復一日中逐漸被稀釋，無情的歲月把過往中美好回憶洗滌得蒼白，曾經的美好地像一朵開到荼蘼的花，蹉跎著舊時光，原來，一切的放不下，只是自己折磨自己罷了。

　　是你無心，還是我多情？是誓言太輕，經不起歲月的輾

轉，還是愛情原本就是一場撕心裂肺的旅程？有些人，究其一生，都無法明瞭。

　　戀戀紅塵路，有些人，陌路便不再相見，互不打擾。天涯與海角，此岸與彼岸，終究是一條無法逾越的溝壑。

　　如果寂寞與孤單對弈，如果時間與愛情賽跑，誰輸？誰贏？我想，緣來緣去，都是一場沒有結局的賭注。

　　也許時間之於愛情是一副良藥，之於我心是一種解脫，它讓原本熟悉的變陌生，疼痛的淪為麻木；最後的最後，一切又歸於平靜。

　　那些相依相偎纏綿悱惻的昨天，那些溫暖又美好的過往，那些驚豔了一段歲月的感動，那些發生在短暫時光中的小浪漫，那些因為愛情卑微著低到不能再低的情愫，如今，都隨窗外的片片落葉，落成泥、化作塵，再也無法找尋它們來過的痕跡，也許，只有這些零落的文字知道，也許只有路邊光禿禿的枝椏知道，它們曾刻骨銘心地來過。

　　經年以後，再憶起，是微笑，還是沉默？不知道那時的眼眸會不會流出此刻的淚。

PART 2

我只是怕，驚動了愛情

到哪裡找那麼好的人，配得上我明明白白的青春。
到哪裡找那麼對的人，陪得起我千山萬水的旅程。
正因為你那麼好，我才害怕，害怕驚動了愛情。
有些人，因為不想失去，所以，絕不染指。

喜歡你這件事，
我自己清楚就夠了

喜歡是一個人的事，愛情才是兩個人的事。

所以，我喜歡你，這是我自己的事。

● ○ ○

女孩坐在男孩隔壁，不知不覺喜歡上他，可是男孩已經有喜歡的人了。女孩卻依舊關注著男孩，幫他看老師、記筆記，甚至幫他跑腿買吃的。

有一次，女孩問男孩：「你最喜歡的東西是什麼？」

男孩開玩笑地說：「天上的星星。」然後自己咯咯地笑了。

女孩當眞了，每天都抽空折一個紙星星，臨畢業的時候，把一大盒的紙星星送給了男孩。

男孩接到星星後很感動，便問她：「妳喜歡我嗎？爲什麼不跟我說呢？」

女孩害羞地說：「喜歡你這件事，我自己清楚就夠了。」

● ○ ○

能夠稱得上愛情的，是一種深沉的情感，它是一種靜靜的付出，默默地相守，無言地掛念，深深地祝福。

很多時候，愛是一種不能表達的情感，翻湧的激情在胸中澎湃，但是你只能任浪潮洶湧而來，而後待它靜靜消退；萬千的話語在口中即將噴湧而出，但是你只能嚼碎了吞進肚子裡，讓一切消逝於無痕，那是種只有自己才能體會的辛酸。

或許有時你深愛一個人，但是你永遠都不會說，不能說。

愛這個人，沒有任何的理由，只是你恰巧遇到了，就喜歡了，喜歡他，不是因為他儀表瀟灑，不是因為他才氣逼人，也不是因為腰纏萬貫，更不是因為手中權勢顯赫。至於為什麼喜歡，你無法給自己一種滿意的答案。

但是，你知道，你就是喜歡他，即使是與全世界為敵，你都會選擇義無反顧地喜歡他。

惦念這麼一個人，但是你不能說出口，你不能破壞他的安寧，你不能隨意改變你們之間的關係。傷心的時候，你希望他知道，分擔你的痛苦，但是你一字不說；高興的時候，你希望他分享你的快樂，但是你只是安靜地看著他匆忙。走在街上，你問自己，是否他也喜歡這樣溫暖的陽光；聽著歌曲，你問自己是否他也喜歡這樣的憂傷纏綿；在你出遊的時候，你

拍好多照片，希望他能夠看到你看到的美景……。

　　但是你從來不曾說出口，他也從來不曾知道。喜歡他，只是你一個人的事情，只是你的秘密。

　　你付出你的所有，卻不要他一分的回報。愛他，只是你的事，你從來不曾要求他也這樣愛你，這樣去惦念你，這樣去尊重你，甚至很多時候，他會在不經意間傷害了你。

　　正像他人說的，人們喜歡深愛著那些傷害自己的人，卻總是傷害那些深愛自己的人。你，也不例外。

　　你就這麼安靜地愛著他，也許他不知道，平靜地、安心地離你遠去。你注視他的背影，很想挽留，但是你說不出口。他已經遠去，你無法轉身，常常想起和他在一起的點點滴滴的小事安慰著自己，故事溫習一遍又一遍，但你不覺得陳舊，相反，每每想起總是回味無窮，微笑漾上嘴角。

　　終於日曆一天天泛黃，時間的流水慢慢帶走你的溫柔，很多年過後，某個冬日溫暖的午後，你站在陽台暖暖的陽光裡，想起他，想起他的點點滴滴，你的心底依然泛起溫柔，甚至可能會模糊自己的雙眼。

　　你很感謝，感謝生命裡有這麼一個人，曾經讓你為他傷感、為他欣慰、為他落淚、為他停留，你慶幸自己從來不曾說

出口，從來不曾說你深沉的、純潔的、久遠的愛戀。你忽然覺得，生命裡因為有了這麼一個人，這麼一種情，從而脫離了塵世的流俗、顯得高雅、可愛了許多。

　　親愛的，你的生命裡是否有過這麼一個人？有過這種愛，長久地溫暖你？

我只是怕，
驚動了愛情

跟某個人第一次見面的時候，
你會因為害羞而不說話？
還是因為害羞所以不停地說話，
然後又恨那個因為不停說話而說了很多蠢話的自己？

● ○ ○

男孩問女孩：「你覺得我們兩個像什麼線？」

女孩回答說：「平行線。」

男孩說：「哦，我以為是相交線。」

多年後，男孩結婚前，他問女孩：「妳找到了妳的相交線了嗎？」

女孩回答說：「我只要平行線。相交過後，是遠離，終有一天是海角天涯的距離，而我貪心想要不散的筵席。不遠，不近，留點空間；不離，不棄，攜手一生。」

● ○ ○

我喜歡你，但我不追你，因為我怕，驚動了愛情。

謝謝你，能夠這樣默默地活在我的心裡，在我心裡安放著一塊安安靜靜的地。我不想傷害你，所以我對你一直是小心翼翼地，就是怕「碰落了花，融化了雪」。

因為只有你，是我唯一一個從一開始就只能夠偷偷愛著的人。你在我心裡永駐，所以就算你知道了我喜歡你，也不要因為這個而變得冷漠……。

我們還是好朋友，不是嗎？

不敢驚動愛情，生怕愛得潦草，生怕失去，生怕握得太緊，又生怕握得不夠緊，所以有時候，寧願站在牆外面窺探，還以為這樣可以不傷害，也不被傷害。

有的遇見，沒有下一次，沒有機會重來，沒有暫停繼續。有的遇見，錯過了現在，就永遠永遠沒機會了。只是因為太年輕，所以所有的悲傷和快樂都顯得那麼深刻，輕輕一碰就驚天動地。

我很想知道，當我的名字滑過你耳朵，你腦海中會閃現些什麼。人到晚上是感性的動物，會想很多事，而且多半是痛苦的，這種情緒控制不住，輕輕一碰就痛。生命中總有那麼一段時光，充滿不安，可是除了勇敢面對，我們別無選擇。

記憶就像倒在掌中的水，無論你是攤開還是緊握，它都

會從你的指縫一點點地流淌直到消失。所以多年後，那個騎著單車載你回家的男孩，那個對你撒嬌對你笑的女孩，如今卻依偎在另一個人的身旁，用同樣溫柔的聲音訴說著天荒地老，堅貞不渝。

而最後，執子之手與子攜老的那個人，只不過是你想要安定下來時，從你身邊匆匆的路人，你輕輕地拉了一下他的衣角，他輕輕地回頭，一個轉身，就這樣扶手相攜的一輩子。

所謂塵世的繁茂與榮華，喧囂與靜沉，都敵不過現實跟我們開的一個玩笑而已。那麼，把愛情這頭猛獸用鐵鍊緊緊地拴在心裡吧，縱使它怒吼咆哮，縱使它淒聲哀求，都千萬不要打開獸閘，它會慢慢安靜下來，最後睡死在心裡吧？

噓，別驚動了愛情。

其實，我想我應該是怕愛情的。我害怕愛情，因為在看過了那麼多的悲歡離合之後，怕和一個很好的人，形同陌路。我害怕愛情，因為我不懂得愛情。愛情難道是廉價的？否則怎麼那麼多人分分合合。或者愛情很昂貴，否則怎麼那麼多人願意傾其所有，前仆後繼？每個人都有著獨自的理解，不過，沒遇到那個對的人，我始終是害怕它的。

噓——別驚動了愛情。對的時間，對的人，它定會來到你身邊。

哪裡會有人喜歡孤獨，
不過是不喜歡失望

我只是害怕而已，
害怕重新體驗那種付出而得不到回報的落寞心情。

● ○ ○

女孩半開玩笑地問男孩：「聽說你最近談戀愛啦？」

男孩一臉嚴肅地說：「沒有啊，聽誰說的。」

女孩答：「我聽我自己說的，你要是沒戀愛，為什麼最近像消失了一樣？」

有一次，女孩和她的閨蜜在逛街，突然聽說他出差的城市降溫了，就打了電話過去。第一通「嘟」聲響了五秒，就掛斷了。第二通響了兩秒，一樣又掛斷了。女孩用閨蜜的電話撥了第三次過去，電話那邊傳來了：

「喂，你好，哪位？」

● ○ ○

　　我還是決定要走了，靜靜地走出你的世界，回到我原來的寂寞空間裡，就當你我不曾相遇，就當我不曾經走過你的世界。

　　我曾經對你說，永遠不離不棄，但今天看來這句話真的好無力。往日的一切還在眼前浮現，說過的話還在心裡纏綿，但我卻是不得不去了。

　　我要去面對孤獨，其實我是在逃避失望。一向是一個情感明朗的女子，愛恨在心底都一目了然。

　　走在春風裡，走在陽光下，但我的身上卻裹了一襲蒼涼。我清晰地看見自己的心憔悴成了一隻屏息的蝶。任流淌在時光裡的陰霾犀利穿透我脆弱的翅膀，我卻無力凝聚自己的力量完成最後一次的飛翔。我分明聽見低低地飲泣聲，穿透我的胸膛。

　　就讓無情的風肆虐撕扯我的軀體吧，就讓我傷痕累累的靈魂在流轉的時空裡顛沛流離。

　　在這個春暖花開的季節裡，我卻要把自己拘禁在傷心地，拒絕一切的溫暖，拒絕所有人的憐惜，我眼睜睜地看著自己的靈魂停止呼吸，蒼白的喘息摩擦羽翼墜落的軌跡，飄落一地淒涼的嘆息。

親愛的，我走了，就這樣靜靜地離你而去，悄然從你的世界銷聲匿跡。

莫要怪我無情，實在是我的心承受不住如此沉重的一份情。真的，不是不愛，只是它太純粹了，我害怕一不小心就打碎了它。

曾經以為愛是世上最純淨美好的一種情感，所以它不能被俗世的塵埃所玷污。如果我的愛激發了我靈魂深處那些不美好的東西，比如嫉妒，比如猜疑，比如迷失……那我還不如不愛。

現在我只想做回以前那個單純明朗的自己，不再讓你的一舉一動牽扯我不安的思緒，不再讓你的喜怒哀樂撕扯我脆弱的神經。

我累了，我倦了，不想再去追逐那個虛無縹緲的夢境，只想把握現實生活裡那一份真實的安然。

這一句離開，無人知道會平添我心上多少的無奈。這一句分手，也不能估量以後的日子會帶給我怎樣的痛楚，然而，我只能以這樣的方式向你揮手告別，輕輕地把往日所有的歡愉悄然放下，默默地轉身而去，讓淚水靜靜地滑落。

我錯了，錯在我偷飲了一杯不屬於自己的美酒。還沉醉

在酒裡，忘了自己是誰，忘了自己是誰的誰。

　　如今，我幡然醒悟，不得不放下曾經所有的情深意重，戚戚然走向寂寞天涯。

　　我什麼都可以委屈，唯獨不能委屈自己的愛情。

　　假如人生不曾相遇，我怎會理解一個人的孤獨是那樣刻骨銘心，但卻可以釋放自我的彷徨與無助。含淚的滄桑，無限的困惑，因為遇見了你，才會有更深的意義。

　　可是為什麼在心存愛意的時候，總伴著無法言說的心傷，假如人生不曾相遇，我不知道自己有那樣一個習慣，蒐集你的歡笑，蒐集你的悲傷，蒐集你的一切一切……

　　也許每一個人的年華，都會有一段幸福與悲傷夾雜的過往吧。

唯一有效的安慰方式，
就是你在我身邊

> 我問你在哪裡，在做什麼，並不是想窺探你。
> 而是想藉由一次又一次的答案，
> 拼湊還原出一個我並不瞭解的你的生活和世界。

● ○ ○

女孩出國了，答應男友修完碩士就回國結婚。男孩隔日一信，每週一通電話，不曾間斷。當女孩發高燒時，他心焦如焚。但後來，女孩一年多就拿到碩士，卻嫁給了國外研究所的同學。

女孩對朋友說：「男孩的好，足夠讓我感動！但當我在大雪天走出教室，凍得渾身顫抖時，是我丈夫的車，及時停在眼前。」

● ○ ○

　　走著走著，就散了，回憶都淡了；看著看著，就累了，星光也暗了；聽著聽著，就醒了，開始埋怨了；回頭發現，你不見了，突然我亂了。

　　我的世界太過安靜，靜得可以聽見自己心跳的聲音。我在我的城市裡為你心動了好久，你在你的城市裡無動於衷。

　　傻氣的人，喜歡給心，也許會被人騙，卻未必能得到別人的。你以為我刀槍不入，我以為你百毒不侵。

　　我習慣了等待，但是我不知道，還要等多久，才能看到一個答案，還能堅持等待多久，只為等一個結果。從此，思念變得無力，那是因為我看不到思念的結果。也許，思念不需結果，它只是證明在心裡有個人曾存在過。是不是能給思念一份證書，證明曾經它曾存在過？

　　似乎接受了等待，單純地以為等待就會到來。但卻在等待中錯過了，那些本可以幸福的幸福。在失去時後悔，為什麼當初沒有抓住。其實等待本身就是一種可笑的錯誤，就像等待著一份不知能否到來的幸福……。

　　或許可以喜歡上很多人，但只有一個人會讓人笑得最燦爛，哭得最傷心。我不知道讓我最燦爛的是誰，讓我最傷心

的是誰，只知道心太痛，太痛……之後便不敢愛了，也記不清楚那些班駁的過往。

　　曾有一段時間，我喜歡一段音樂，如今聽一段音樂，讓我懷念那一段時光，懷念那時的小心眼、敏感、單純和固執。然後，突然想你，不在我身邊的那個你。

　　一個人的漠然，加上另一個人的苦衷；一個人的忠誠，加上另一個人的欺騙；一個人的付出，加上另一個人的掠奪；一個人的篤信，加上另一個人的敷衍。愛情是一個人加上另一個人，可是，一加一卻不等於二，就像你加上我，也並不等於我們。

　　這種叫作愛的情啊……如果你忘了甦醒，那我寧願先閉上雙眼。

　　你說你不好的時候，我疼，疼得不知道該怎麼安慰你；你說你醉的時候，我疼，疼得不能自制，思緒混亂。我的語言過於蒼白，心卻是因為你的每一句話而疼。

　　我說我難過的時候，你疼，你疼得著急慌亂地說情話；我說我孤獨的時候，你疼，你疼得結結巴巴地重複誓言。

　　可是，唯一有效的安慰方式，就是你在身邊啊！

　　愛，得之，我幸，不得，我命，如此而已。

　　輕吟一句情話，執筆一副情畫，綻放一地情花，覆蓋一片青瓦，共飲一杯清茶，看清天邊月牙，愛像水墨青花，何懼剎那芳華。

　　其實，不是沒有傷，也不是沒有痛，或許經歷的太多，心，才漸漸學會了堅強。

　　難挨的季節，就像是素雅的潔淨天空，天因為少雨而愈發的明麗高遠，如你在遠方。我們隔著時空思念，思念卻不再會安慰；我們眺望遠方說情話，聲音是那麼近，而你是那麼遠。

　　對身在遠方的你的思念，漸漸變成靈魂深處的蠱，總在不經意間，悄悄爬上心靈深處的曉月眉彎。或許，每個人心中都有一段情，或濃或淡，不近不遠，卻永遠無法遺忘；或許，每個人心中都有一道傷，或深或淺，若隱若現，卻永遠屬於珍藏。

很久沒有晴天的心情，
就像很久沒有你的城市

有一些人，這輩子都不會在一起，

但是有一種感覺，卻可以藏在心裡，守一輩子……。

● ○ ○

　　他出類拔萃，她平凡無奇。她常獨處一隅，偷望著被眾女生包圍的他。他不負眾望獲得異國的高校錄取。她始終不敢表白。聽說他不適應新環境，成績勉強，她擔心，但連問候的勇氣也沒有。

　　後來，兩人終於在同學聚會中碰面，她結結巴巴地問他：「那邊，功課，很難？」

　　他笑笑說：「不，但那邊，沒有妳，很難！」

● ○ ○

　　有時，只要那麼一兩步，便改變了一個人的一生，這就是緣。

　　有時，緣是愛情的鑰匙，也是，現實的枷鎖。分開後的第一次見面，我還記得你的微笑，那感覺，就像我們是久別重逢的朋友。

　　我住在這個傷感的城市，而你卻在另一個陌生的地方，沒有你的城市，我只能一個人享受孤獨。我把所有位置，都寫上了你的名字，好讓我再次遇見你時，不那麼驚慌失措。我在整個天空上，寫滿了我對你的心事，想讓你知道，你聽說我喜歡你，那是事實。

　　和你分開後，逐漸懂得，人生有太多的遇見，擦肩而過是一種遇見，刻骨銘心是一種遇見。有很多時候，看見的，看不見了；記住的，遺忘了。無論在對的時間遇見錯的人，還是在錯的時間遇見對的人，對於心靈，都是一次歷練。

　　和你分開後，逐漸懂得，愛是一個過程，只有愛過、傷過、痛過，才會成為一種經歷，我們也才更懂得珍惜。所謂的天真，總是歷練不夠；所謂的成熟，只不過是淚水在眼眶裡打轉，也還會面帶微笑。愛的時候，讓被愛的人自由，不愛的時候，讓愛自由……。

　　和你分開後，逐漸懂得，生命，是一場孤獨的跋涉，一個人走，一個人跑，一個人流浪；一個人哭，一個人笑，一個人堅強。一場磨難，是一場洗禮；一場傷痛，是一場覺醒。走過，累過，哭過，才會成長；痛苦過，悲傷過，寂寞過，才會飛翔。

　　和你分開後，逐漸懂得，有些人，註定是等待別人的，有些人，註定是被人等的。一件事，再美好，你做不到，也要放棄；一個人，再留戀，不屬於你，也要離開。

　　慢慢地明白了，我就一個人。你來了，開啟了我的心門，在我心田泛起漣漪。靜靜地懂得了，我就一個人。你走了，留下太多的回憶，刻在心底無法抹去。

　　我真的真的就一個人，伴著春風，踏著秋雨，唱著屬於自己的旋律，舞動夢裡自己的人生。

　　匆匆人海裡，你陪著我，我看著你，聽鐘擺敲擊，望星月鬥轉。從青澀到成熟，從懵懂到明瞭，一步步，人生的列車按著它的軌跡向著前方行駛，永不言棄。

　　不管是豔陽還是暴雨，不管是和煦還是狂風，我就這麼簡單的一個人，左手握著右手，默默地聽著自己的心聲，循著夢的方向邁步。

也許你是我的春天，於是伸出雙手，輕輕擁你入懷，感受著那份醉人的溫度。也許你是我的暖陽，於是依著你寬厚的肩膀，感受到的是無與倫比的愛戀。

也許你是我的煩惱，將我的笑容凍結，任由寒冷透徹心扉。也許你是我的傷痛，偷走我的快樂和幸福，讓我的生活灰暗一片。

最終，在時間的長河裡，所有的愛恨都彙聚流入浩瀚大洋，剩下的就這麼簡單的一個人，帶著眷戀，帶著思念，也帶著回憶，向著人生的下一站前進。

有你的城市下雨也美麗，沒有你的城市則是冰涼的鑽石，閃著寒冷的光，切割所有的心事。

我們離曖昧很近，
離愛情卻很遠

愛情開始的時候，會把天涯變成了咫尺；
愛情結束的時候，又把咫尺變成了天涯。

● ○ ○

畢業後二十年的同學聚會上，男孩和女孩開心地交談，陌生的面孔，熟悉的故事，那年，那時，那段歲月。

從抄作業，到借橡皮擦，還有偶爾的小脾氣，最後，聊到他第一次寫給女孩的小紙條。

女孩深情地說：「你的橡皮擦品質太差了。」

「嗯？」

「二十年也沒擦去那些痕跡。」

● ○ ○

　　我們之間，離曖昧那麼近，離愛情卻那麼遠。如果友情是五分，愛情是十分，那麼我們的關係可能就是七分或八分。好像過則火，斂則無味，是那種淺嚐輒止的味道，有一種欲拒還迎的樂趣。

　　曖昧是會上癮的，讓人欲罷不能。你的曖昧，會讓我陷入夢幻之中，你的欣賞讓我多了一份自信！

　　可是，曖昧也傷人！那麼多的不確定性，那麼多需要猜測的東西，讓快樂中多了一些失落的味道。

　　其實曖昧是，彼此有感覺，然而，這種感覺不足以叫我們切切實實地發展一段正式的關係。

　　這種感覺就是：彷彿你缺不了我，我也離不了你，可是我們一旦停止聯繫了，卻各有各的陽光、空氣和水分……。

　　我們之間的曖昧，是看透人生有太多的無奈，現實有太多的限制。你知道沒有可能，但又捨不得放手。

　　我們之間的曖昧，是有進一步的可能，卻沒有進一步的勇氣；是一方永遠不說，另一方就永遠裝作不懂。於是一方永遠沉默，一方永遠裝傻。

　　我們之間的曖昧，是你不是我的戀人，但你似乎比戀人更關心和瞭解我；是除了情人節外，其他的節日都交換禮物。

　　我們之間的曖昧，是天冷時、感冒時，你會在晚上傳訊息特意提醒我要吃藥、多穿點、蓋好被、早點睡的普通朋友。

　　我們之間的曖昧，是半夜我睡不著，卻可以放心打電話給你聊天的普通朋友。

　　我們之間的曖昧，是當我遇到問題解決不了的時候，你是我第一個會想起的人。

　　我們之間的曖昧，是每當你提及你的另一半時，我會萬箭穿心，但我也希望你幸福。我們之間的曖昧，是甜蜜蜜，又同時酸溜溜的，往往從未開始，已叫人不安，患得患失。

　　我們之間的曖昧，是常常掙扎彼此關係，怕說明白之後，既得不到一個情人，卻又失去了一個知心好友。

　　我們之間的曖昧，是見不到你時，我會掛念你。見到的時候，又會覺得還好。我們之間的曖昧，是兩個人都會互相猜著，你是不是已經暗示了什麼，我是不是自作多情？

　　我們之間的曖昧，就像是兩人之間多了一層玻璃，無限透明與親近，但卻不是在一起。說到底，曖昧是個美麗的陷阱，讓我不知不覺深陷其中。待我發覺危險時，已無力自拔！

　　如果有勇氣打破曖昧，或許會成為一段真正無悔的愛情。但，曖昧始終不是愛情。

　　兩個人再如何要好，也別改變既定的和諧，也別幻想著角色的轉換，否則只有痛苦和失望。如果未曾謀面的話，就更不該冒這個險了！

　　兩個人曖昧久了，就會把對對方的迷戀感覺當成愛情，其實那是我們都曾經犯過的錯誤，迷戀只是愛情的初級階段，也可以說是愛的萌芽階段，迷戀得太深了，消失的速度也就快了。如果明明知道彼此之間的是友情，那麼儘管曖昧也得適可而止，保持著那份友情的距離。

　　相信每個人都曾有過這樣的經歷，在和某個人熟識之後，每天的某個時刻就會思念著、惦記著對方，那種感覺和愛戀一個人的感覺好像沒什麼區別，可是友情裡不該有這樣的惦記吧？

　　我們都知道這樣的感覺是我們之間友情的最大威脅，所以我會好好地控制、壓抑自己這樣的感覺，因為害怕一旦說明，這段友情會隨著過分曖昧而離開我們身邊。

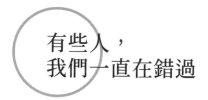有些人，
我們一直在錯過

受過傷的人總是能記住生命中出現的每一個人，

正如我，總是意猶未盡地想起你。

● ○ ○

　　他喜歡她很久很久，為了能夠多看她一眼，他不惜每天找各種藉口去見她。可是，他一直沒鼓起勇氣跟她告白。

　　一年後她要結婚了，在她的婚禮前一天，他喝得酩酊大醉打電話給她：「我喜歡妳整整一年。」

　　她沉默不語，接著掛了電話。

　　後來他收到一則短訊：「我等了你整整一年。」

● ○ ○

有沒有那麼一刻，你很希望他知道你心情糟糕透了，你很想趴在他肩上痛哭一場，聽他說一些安慰的話，然而他根本沒有看出你的沮喪，也沒有問你發生了什麼事。就在那一刻，你把話吞回去了，他後來再問，你已經不那麼想說了。以後的以後，那個想說的時刻就再也不會出現了。

有些人一直沒機會見，等有機會見了，卻又猶豫了。相見不如不見。有些愛一直沒機會愛，等有機會了，已經不愛了。有些人很多機會相見，卻總找藉口推脫，想見的時候已經沒機會了。有些話有很多機會說，卻想著以後再說，要說的時候，已經沒機會了。

說好永遠的，不知怎麼就散了。最後自己想來想去，竟然也搞不清當初是什麼原因分開的。然後，你忽然醒悟，感情原來是這麼脆弱的。

很多的感情經得起風雨，卻經不起平凡；風雨同船，天晴便各自散了。

也許只是賭氣，也許只是因為小小的事。

幻想著和好的甜蜜，或重逢時的擁抱，可能會是邊流淚邊捶打對方，還傻笑著，該是多美的畫面。沒想到的是，一別竟是一輩子了。於是，各有各的生活，各自愛著別的人。

　　常常會在不經意間想起曾經的某個人，不是忘不了，而是放不下。那些不願再向任何人提起的牽掛，在黑暗的角落裡潛滋暗長。

　　總是在不懂愛的時候遇見了不該放棄的人，在懂得愛以後卻又偏偏種下無意的傷害。遇見某個人才真正讀懂了愛的含義；錯過某個人，才真正體會到了心痛的感覺。

　　心情煩亂之時，我喜歡一個人獨自踏著月色，在蟲鳴聲中，在風過樹梢的舞姿裡，溫習你的善言善語，讓染塵的心靈默默地梳洗。

　　心情順暢之時，我喜歡一個人靜思，把你的誠摯關懷攝存在花的笑容裡，調釀在花的芳香裡，流淌在小草的碧波裡，嫵媚著每一個陽光的天氣，燦爛著每一個快樂的日子。

　　我忘不了你的關懷備至，漸漸地，想你成了一種自然的習慣。

　　曾經相愛，現在已互不相干。即使在同一個小小的城市，也不曾再相逢。

　　某一天某一刻，走在同一條街，也看不見對方。先是感嘆，後來是無奈。

　　也許你很幸福，因為找到另一個適合自己的人。也許你

不幸福，因為可能你這一生就只有我真正用心在你身上。

　　我會在不經意間看到你對生活的感嘆，會不由自主地從心底送上真摯的祝福，縱然此生不見，平安唯願！

　　我會想念你，就像想念親人一般，因為想念時，心裡是溫暖的，是踏實的，是坦然的，也因為想念你，我更能夠感受到生活的色彩斑斕！

　　生命中有一些人與我們擦肩了，卻來不及遇見；遇見了，卻來不及相識；相識了，卻來不及熟悉；熟悉了，卻還是要說再見。那麼，請對自己好點，因為一輩子不長；對身邊的人好點，因為下輩子不一定能遇見。

　　如果真的有一天，某個回不來的人消失了，某個離不開的人離開了，也沒關係。時間會把最正確的人帶到我們的身邊，在此之前，我們所要做的，是好好地照顧自己。

我喜歡你，
與你無關

也許很多人都知道我喜歡你，
可是我想，就連幾乎無所不知的你，
大概也不知道，我喜歡你，喜歡到什麼程度。

● ○ ○

他戀愛了，對象是她最好的朋友，看著好朋友臉上滿滿都
是止不住的笑意，她扯了扯嘴角說：「恭喜你們！」

放學後，他擁著她最好朋友走在前面，她跟在身後，踩著
他們被夕陽無限拉長的身影。抬起頭，看著他側過臉與她說笑
的畫面，心臟傳來細微的疼痛感，明明不疼，卻難過得讓她想
哭。

她看著夕陽，深深地吸了一口氣。然後微微笑著對自己
說：「算了吧，只要他還在，即使只能站在他身後，對我來
說，也是上天賜予的福澤。」

● ○ ○

　　我喜歡你，與你無關，即使是夜晚無盡的思念，也只屬於我自己，不會帶到天明，也許它只能存在於黑暗中。

　　我喜歡你，與你無關，就算我此刻站在你的身邊，依然背著我的雙眼，不想讓你看見，就讓它只隱藏在風後面。

　　我喜歡你，與你無關，那為什麼我記不起你的笑臉，卻無限地看見，你的心煩，就在我來到的時候綻放。

　　我喜歡你，與你無關，思念熬不到天明，所以我選擇睡去，在夢中再一次地見到你。

　　我喜歡你，與你無關，渴望藏不住眼光，於是我躲開，不要你看見我心慌。

　　我喜歡你，與你無關，真的啊，它只屬於我的心，只要你能幸福，我的悲傷，你不需要管。

　　我一直希望，我對你的喜歡，是唯一的存在。無論是你的優點，還是缺點，無論是你討人喜歡的時候，還是令人煩躁的瞬間，無論你是在輝煌的頂點，還是黯淡的低谷，這些都應該只屬於我一個人。

　　我不想讓那麼多並不是我的人們也喜歡上你，我想把你藏起來，因為，喜歡你這件事，只要我自己清楚就足夠了。

　　是我自己擠到你的跟前，撲倒在你的面前，一頭栽進這

糾結不清的命運之中，我永遠永遠也不會責怪你，我只會永遠地感激你。就像史蒂芬・褚威格在《一個陌生女子的來信》中描寫的那樣：「我要讓你知道，我的整個一生一直都是屬於你的，而你對我的一生卻始終一無所知。」

　　某天起，好像跟你沒那麼好了，見面少了，電話也少了；孤單的時候，忍住沒找你。其實，並不是你做了什麼，而是有些話不知道從何說起，不如不說；有些秘密只能藏在心底，獨自承擔。

　　不想對你說謊，更害怕你痛心的責備，於是只好假裝忘了你。其實，你一直在我心裡。

　　假如愛情可以解釋，誓言可以修改，假如你我的相遇，可以重新安排，那麼，生活就會比較容易。假如有一天，我終於能將你忘記，然而這不是隨便傳說的故事，也不是明天才要上演的戲劇。我無法找出原稿，然後將你統統抹掉。

　　此刻，確實是我喜歡你而已，與你無關！可能我還是會時不時地關注你，想知道你的動態，想知道很多很多關於你的事情，但這只是我想知道而已。

　　因為你太好，所以我卑微。卑微的愛，卑微地愛著，遲

早會失去愛。我不想失去，所以我不想擁有。我情願遠觀靜待，將喜歡藏在心底，在某個不為人知的角落裡，默默地說著：「我喜歡你，但與你無關。」

　　真正愛一個人，是說不出口的。正如張愛玲說的那樣：「見了他，她變得很低很低，低到塵埃裡，但她心裡是歡喜的，從塵埃裡開出花來。」

　　我那麼愛你，你叫我怎麼忍心告訴你我那麼愛你，讓如此不完美的自己打擾你的生活。

　　我不能確定，我能否給你完美的愛情。但是，我能確定我自己不夠完美。所以，還是讓一切在沉默中完美地謝幕吧……。

你假裝要走，
不見我挽留

你走了真好，
不然總擔心你要走。

● ○ ○

18 歲時飛揚跋扈，他對心愛的女孩說：「喂，妳的作業本借我。」說話間，滿臉是讓人難以拒絕的嚴肅。

22 歲時風華正茂，他對心愛的女孩說：「妳怎麼還沒談戀愛啊？實在不行，我勉強可以考慮妳啊。」說完後，一臉壞笑。

25 歲時意氣風發，他對心愛的女孩說：「我在妳待的城市裡有自己的事業了，怎麼樣，要不要來投靠我啊？」說完後，一絲期待和焦急，隱隱約約地掃過臉龐。

28 歲時成熟內斂，他對心愛的女孩說：「好，我當妳伴郎。」說完後，一臉溫柔。

● ○ ○

在這花葉飄零的秋日，終於知道什麼叫作宿命。

總是以絕美的姿態在我最不設防的時刻出現的，是那最不能接受，也最不能拒絕的命運。而無論是哪種選擇，都會使我獨自淚流暗自神傷，使我在花葉最終落盡的那一刻，深深地後悔。

我已無歌，世間也再無飛花無細雨；塵封的四季啊，請別為我哭泣；我只有萬般的無奈，無奈愛的餘燼已熄，你早已走遠。

淒然回首，猛然醒覺那千條萬條，都是已知的路、已了然的軌跡。那就隨著人群走下去吧，就這樣微笑地走到盡頭。我柔弱的心啊，只有別無選擇地掙扎著將你忘記，永遠不再哭泣。

我是一條清澈的河流，繞過你佇立的沙洲。在那個晴朗的夏日，那個有著許多白雲的午後，你青青的衣襟在風裡飄搖，又像一條溫柔的水草倒映在我心中。

帶著甜蜜的痛楚，我頻頻回顧，可是我將流過不能再重回，此生也無法再與你相會。

我知道，冬會來臨，花會凋盡，兩岸的悲歡將逝如雲煙，只留下群星閃耀在遙遠寂寥的天邊。在地凍冰封之前，

我將流入大海，而在幽暗孤寂的海底我定會將你想起，還有你那青青的衣襟。

不願成為一種阻擋，也不願讓淚水沾濡上最親愛的那張臉龐。於是在這黑暗的時刻，我獨自悄然隱退。請原諒我不說一聲再會，而是在最深最深的角落裡，試著將你珍藏，藏到任何人、任何歲月也無法觸及的距離。

花開，又謝了。你來了，又走了。彼此就算相識再多年歲，到最後也只能像相鄰的兩座島嶼。從此各自安好、各自停靠，各自有著相同的處境和倔強偏執。

輕輕地，你來了，輕輕地又走了。你不懂暗夜裡的吞噬，是怎樣將最後的想念磨滅的。你也不知道那麼多話，我從未提及過，而是咽在淚中。

總是會有很多人會在自己快要忘記的時候忽然出現，隨之而來的是在年少懵懂的歲月裡有過的淺淡感情。如果你還會夢見我，請你再抱緊我。如果你轉身要走，請馬上消失。

你從不問，我從不說，似乎我們之間，從未改變。只是我好似一臉淡泊，卻愛得更加濃烈，是我淪陷在你的漩渦裡。

愛是什麼，我無從試問，情是什麼，我亦不知，或是錐

心不已，或是撕心裂肺？難道不計後果，到最後只是換來你一句：「從未愛過。」

　　多麼可惜，又多麼可笑的青春！是我太固執，是我太執著，執著於一些早該釋懷的事。是否愛情真的複雜至極也簡單到死，你能否在我冷漠的臉上看到熾熱而又沉甸甸的情意？

　　我那麼明朗卻又那麼矯情，我那麼的淡然卻又執著得有點難堪。

　　因為你，我把心都丟了；因為你，是我不摻雜任何雜質的愛；因為你，影響了我整個青春。

　　時間那麼短，回憶卻又那麼長。

PART 3

愛是想觸碰，又收回手

我最怕看到的，不是兩個相愛的人互相傷害，
而是兩個愛了很久很久的人，突然分開了，
像陌生人一樣擦肩而過。
我受不了那種殘忍的過程，因為我不懂：
當初植入骨血的親密，怎麼會變為日後兩兩相忘的冷漠。

為了避免結束，
所以避免開始

你不願意種花，你說，我不願看見它一點點凋落。

是的，為了避免結束，你避免了一切開始。

● ○ ○

那時年輕，男孩和女孩都喜歡對方，卻沒有人敢戳破。因為女孩知道，她會隨父母出國。後來他們真的分開了，好多年沒了音訊，直到一次同學聚會，他和她都到了。

吃飯的時候，有人問女孩：「妳怎麼都不抬頭。」

女孩笑著說：「飯菜太好吃了。」

男孩笑了笑說：「還是和當年一樣愛吃好吃的。」

聽完這句話，她拿筷子的手顫了一下，過了這麼多年，還是不能忘了他。其實不是不抬頭，也不是飯菜好吃，只是害怕看他，怕想起那段時光。

● ○ ○

年輕時我們總是在開始時毫無所謂，在結束時痛徹心扉。而長大後成熟的我們避免了幼稚的傷害，卻也錯過了開始的勇氣。

後來即便上遇到了那個很愛的他，你會變得很小心，每一個動作，每一個表情，甚至呼吸都開始不自覺地謹慎了。而一旦看不到他呢，就會到處搜尋，想像著此刻的他在幹什麼呢？當腦海裡出現他和她恩愛的畫面，又會懊惱和傷心。

受過多少傷，流過多少淚，你才終於體會到愛情的辛酸和不易，所以，你盡量不再讓心輕易地泛起漣漪，然而，真的就不愛了嗎？真的就放下了嗎？

當那個怦然心動的人出現，就算你已經難過得無法呼吸，還是無法保證不被這愛情的毒再侵襲一次。所有的信念，原來也是如此不堪一擊的。

只是經歷太多的變遷，心境今不如昔的你，已經漸漸懂得如何去應對，有些話不能說出來，一說就會成為桎梏，將我們絆住，甚至拋入火海。那麼，寂靜相愛，默默喜歡，可能就是最好的狀態。

愛了，就會害怕分離、剝奪，和不愛。

愛，也是如此。不是不愛，只是不敢去愛！

　　於是你開始感慨，愛情就像煙花一樣，在那最美的一刻，然後慢慢得消失無影無蹤，就像曇花一樣，它的美讓人迷戀，讓人歡喜，可是曇花的美，只是一現而過。

　　經歷了戲劇化般的戀愛後，你逐漸懂得，愛情這東西很多時候讓人可望而不可及。很多人在經歷一段刻骨銘心的愛情之後，不敢再去觸碰愛情，因為害怕再次把自己傷得遍體鱗傷。可是在他們心裡對愛情又充滿了期盼，充滿了憧憬。只是在自我意識的保護下，想愛不敢愛。

　　當一個人偷偷愛過，已經愛過，然後結束了一段美好的戀情以後，曾經的一切，在回憶裡是多麼美好與幸福，可是越品味，越苦澀；越回味，越傷感。

　　於是你變得不敢去懷念，你害怕，你怕痛。每一次的美好場景的浮現，都會讓你不得安寧。你嘗試用時間來沖淡，卻發現越想忘記，卻記得更加的牢；越提醒自己不要去想，想念卻在夜裡更加倡狂。

　　愛情，真的很美，但卻美得憂傷，就像煙火一樣，如果

我們只是保持著距離去欣賞它，真的會覺得它美得絢麗，為它那五彩繽紛的顏色所吸引；可是那瞬間的絢麗之後，是更長久的黑暗與淒涼。

　　世界上最淒絕的距離是：我們本來距離很遠，互不相識，忽然有一天我們相識相愛了，距離變得很近很近，然後慢慢步入歧途，有一天又不再相愛了，本來很近很近的我們，變得很遠很遠，甚至比以前更遠更遠……。愛是愛消失的過程，情到濃時終會轉薄。

　　所有的深刻都要以深情和神傷為代價，所有的成長都來自承認和殘忍，在歲月稀釋情緒的濃淡、終於掙脫怨與恨之後，風輕雲淡。

　　沒有誰還能騎著歲月和勇氣的戰馬再殺個回馬槍，只能是望著眼前人，念著心頭人，抱著一句「可惜」，追懷那段曾經。

我沒有那麼想你，只是偶爾想起

我沒那麼想你，只是無聊的時候，

想想或許也無聊著的你。

● ○ ○

他和她已經分手兩年了，兩年來，他每天下班習慣性地打開她的博客，看看她一天的心情。

她有時候高興，有時候悲傷，有時候失落，他只是靜靜地注視著，不做一點評論，甚至刪掉了自己的瀏覽記錄。

直到有一天她博客上放滿了她的婚紗照，下面有一行小字：「我結婚了，不等你了，不更新了。」

● ○ ○

我藏起心中所有秘密，只因為，今生遇見了你。

這最深的秘密，也是最深的思念。站在心靈的路口，靜靜地等你，等你輕輕收攏了羽翼，棲落在我的心靈樹上。

請不要讓我等成一幅沒有詩情畫意的藍圖，一首沒有深邃意境的詩歌，一首沒有甜美旋律的樂曲。

沒有你的日子裡，我的想像失去了靈感，我的心靈失去了皈依，就好像鮮花離開了陽光，暗無光澤；遊魚離開了水滴，生命窒息。

我沒有那麼想你，我只是在和別人聊天的時候，會不自覺地點開和你的對話框，看著你黯淡的名字發呆。

我沒有那麼想你，我只是和朋友在一起的時候，無意識地提起你，講述那些我總念念不忘而他們也許都爛熟於心的事情。

我沒有那麼想你，我只是在發現難得一見的美味的中餐館時，想著如果你能和我一起分享，那該是多幸福的事。

我沒有那麼想你，我只是在行走在宛如畫境的美景中時，會想像如果你能與我攜手同行。

我沒有那麼想你，我只是在聚會上觥籌交錯、衣香鬢影時，一個人默默走到安靜的角落，想著千里之外你在做什麼。

　　我沒有那麼想你，我只是在別人無意提起你的名字時，心內又酸又鹹，中間夾著一縷甜。

　　我沒有那麼想你，我只是在別人傷害了你，對不起你時，比自己受了委屈還難過，還要難以忍受。

　　我沒有那麼想你，我只是在看全球天氣動態預報時，關注你所在的那個區更甚於我自己的。

　　我沒有那麼想你，我只是在走到某個路口的時候才會想起你，我只是看電影看到一半的時候才會想起你，我只是聽歌聽到一個詞的時候才會想起你。

　　我沒有那麼想你，我只是在我高興的時候想起你，在我不高興的時候想起你。給我回憶的人不會被回憶欺騙，回憶裡的人才會被它欺騙。

　　我沒有那麼想你，我只是在別人問起暑假打算怎麼揮霍時，佯作興奮地和大家一起參與討論，但是他們不知道：這個暑假你不回來了，不和我一起享受這個世界上最美的夏天了。我知道你有更重要的事情，我在通情達理、善解人意和任性孩子氣之間一路尋找著平衡，我要自己學著像你一樣平靜地接受所有或好或壞未知的結果。

　　我沒有那麼想你，我只是坐在空空蕩蕩的地鐵裡，會不

經意間想起，當時你坐在我對面，似笑非笑微帶嘲諷的樣子。

　　我沒有那麼想你，我只是打工回家的路上，會算一算什麼時候能存夠錢去看你，想像一下若我突然出現在你門前，你會驚喜還是責備呢？會不會有一個大大的、親切的擁抱？

　　我沒有那麼想你，我只是有時候會忍不住埋怨地球為何這麼大，海洋為何寬闊如斯？為什麼，在你走了之後，鐘擺行進得那麼慢？

　　我沒有那麼想你，我只是在和一個陌生人聊天聊得正愉快時，竟然會脫口叫出你的名字，不可原諒自己的傻乎乎。天知道，那時候我並沒有在想你，一點兒也沒。

我最想旅遊的地方，是我暗戀的人的心

所有的暗戀者都是醜小鴨，
我們會懷念當時的脆弱和寒顫，
而後來的愛情，是羽化了的天鵝。

● ○ ○

初中的時候他們坐在一前一後，後來她聽說，他喜歡她，或許是太小的緣故，她和他的距離越來越遠。

到了高中以後，他們和陌生人沒什麼兩樣。

再後來，他們各奔東西，她以為再也沒有機會見到他，直到某天逛街，人那麼多，可是她卻一眼就認出他。

她朝他揮揮手，他也對她笑了笑，然後，便消失在人海之中。

● ○ ○

　　有誰不曾為暗戀而受苦，我們以為那份癡情很重很重，是世界上最重的重量，有一天，驀然回首，我們才發現，它一直很輕很輕；我們以為愛得很深很深，來日，歲月會讓你知道，它不過很淺很淺。

　　曾經這樣愛過一個人：愛的人知道，被愛的人不知道。
　　這是暗戀嗎？
　　愛著的時候，整天鬼迷心竅地琢磨著他。他偶然有句話，就想著他為什麼要這樣說？他在說給誰聽？有什麼用？
　　他偶然的一個眼神掠過，就會顫抖，歡喜，憂傷，沮喪。怕他不看自己，也怕他看到自己。更怕他似看不看的餘光，輕輕地掃過來，又飄飄地帶過去，彷彿全然不知，又彷彿無所不曉。覺得似乎正在被他透視，也可能正被他忽視。
　　終於有一個機會和他說了幾句話，就像荒景裡碰上了豐年，日日夜夜地撈著那幾句話，顛來倒去地想著，非把那話裡的骨髓榨乾了才罷。
　　遠遠地看見他，心裡就毛毛的、虛虛的、癢癢的、扎扎的，或上天堂，或下地獄——或者，就被他擱在了天堂和地獄之間。

　　愛著的時候，費盡心機地打聽他所有的往事，祕密地回味他每個動作的細節，而做這一切的時候，要像間諜，不想要他知道，也怕別人疑心。要隨意似地把話帶到他身上，再做出愛聽不聽的樣子。這時候最期望的就是他能站在一個引人注目的地方，這樣就有了和大家一起看他和議論他的自由。

　　每知道一些，心裡就刻下一個點，點多了，就連出了清晰的線，線長了，就勾出了輪廓分明的圖，就比誰都熟悉了這個人的來龍去脈，山山嶺嶺，知道了他每道坡上每棵樹的模樣，每棵樹上每片葉的神情。

　　愛著的時候，有時心裡潮潮的、濕濕的，飽滿得像漲了水的河。有時又空落落的，像河床上攤曬出來的光光的石頭。有時心裡軟軟的、潤潤的，像趁著雨長起來的柳梢。有時又悶悶的、燥燥的，像燃了又燃不烈的柴火。

　　一邊懷疑著自己，一邊重視著自己，一邊可憐著自己，一邊也安慰著自己。自己看著自己的模樣，也不知該把自己怎麼辦。

　　有時衝動起來，也想對他說，可是又怕聽到最恐懼的那個結果。

　　就只有不說，但又死不了那顆鮮活的心。於是心裡又氣

他為什麼不說，又恨自己為什麼沒出息只盼著人家說，又困惑自己到底要不要說，又羞惱自己沒勇氣對人家先說。

於是就成了這樣，嘴裡不說，眼裡不說，可是每一根頭髮，每一個汗毛孔兒都在說著，說了個喋喋不休，水漫金山。

日子一天天過去了，還是沒說。多少年過去了，還是沒說。

那個人像一壺酒，被窖藏了。偶爾打開聞一聞，覺得滿肺腑都是醇香。

那全是自己一個人的獨角戲，一個人的盛情啊。

此時，那個人知道不知道已經不重要了 —— 不，最好是那個人不要知道，這樣更純粹些。

在這樣的純粹裡，菜是自己，做菜人是自己，吃菜的人還是自己。

正如愛是自己，知道這愛的是自己，回憶愛的還是自己。

自己把自己一口口地品著，隔著時光的杯，自己就把自己醉倒了。

這時候，也才理解：原來這樣的愛並不悲哀。

沒有塵世的牽絆，沒有哆嗦的尾巴，沒有俗豔的錦繡，也沒有混濁的泥汁。

　　簡明、俐落、乾淨、完全。

　　這種愛，古典得像一座千年前的廟，晶瑩得像一彎星星搭起的橋，鮮美得像春天初生的一抹鵝黃的草。

　　這樣的愛，真的也很好。

我懂，
你是怕傷害我

有時，愛也是種傷害。
殘忍的人，選擇傷害別人；
善良的人，選擇傷害自己。

● ○ ○

　　愚人節的前幾天，女孩決定懲罰一下隔壁班的幾個男孩子，誰叫他們總對著她吹口哨呢。她發給男孩們每人一則短訊：「還記得隔壁班的女孩嗎？其實，我一直牽掛著陌生的你，只是因爲沒有勇氣表白。今天我決定不再沉默，下午一點，我會在校門口等你，不見不散。」不到一點，一個戴眼鏡的男孩出現，他等了四個多小時，直到被大家淪爲笑話爲止。

　　女孩終於按捺不住，又發了一則短訊：「對不起，我傷害了你。」

　　男孩很快回話：「我知道妳是開玩笑，那天是愚人節。」

　　女孩問：「那你怎麼還去？」

　　男孩說：「我怕萬一是眞的，那就會傷害一個純潔的女孩，我寧願被傷害的是我自己。」

● ○ ○

　　你愛我的時候，我難過，你拼命逗我開心；你不愛我的時候，我難過，你裝作看不見。你愛我的時候，我沒有珍惜；你不愛我的時候，我拼命強求。

　　你愛我的時候，我說的，你都記得；你不愛我的時候，你說的，你也不記得。你愛我的時候，你還記得嗎？你不愛我的時候，我還記得！

　　因為喜歡你，所以不敢告訴你，怕講了，你也會錯愕驚恐，然後兩個失去理智的孩子變傻了。我不想和你做最熟悉的陌生人，不想和你到最後連朋友都當不成。

　　因為喜歡你，所以假裝不喜歡你。假裝很灑脫，假裝和你就像是無話不說的朋友；因為喜歡你，所以我願意，我願意做你喜歡的任何事。我可以安靜地陪著你，不讓你知道我一直在你身邊，也不會去主動打擾。

　　我不想在深夜，想你想到失眠，而你不知道；我不想生你的氣，還假裝大器地說沒關係；我不想在難過流淚的時候，你不在身邊；我不想聽你說別的女孩，還要保持微笑；我不想你無視你給我的傷害……。

　　我想，我想要你也像我想你一樣，瘋狂的想我；我想要

你因為我的消失而著急；我想要你相信我說的話；我想要你關心我、愛護我……。

原來，愛會讓我這麼貪心。只是我忘記了，你不是我的誰。我無權要求你這樣做，你也沒有義務這樣做。

原來，我的痛苦是這樣產生的，我的痛苦就是現實和想像之間的差距。

愛你，是一件卑微的心事。

我總以為，我們有無數個明天，有一個雖然遙遠，卻很美好的未來。可是，在時光的洗刷中，我的幻想變得不堪一擊。有你的記憶，經久不息。

你於我而言，是心裡小小的傷，傷口的名字叫失去。我突然感覺自己像個華麗的木偶，演盡了所有的悲歡離合，可是背上總是有無數閃亮的銀色絲線，操縱我的一舉手、一投足。

曾經，對於所有失去的人而言，只是一個遙遠的，傷感的符號而已。

你我的曾經，早已經荒蕪，失去了已有的繁華，被時光剪輯、散落、遺失。有些感情，再也無法追溯，那就讓它沉澱在錯落的歲月裡。

假如有一天，看到你幸福，我會真誠地祝福你，幸福一

輩子，就算站在你旁邊的人不是我。

　　假如有一天，聽到我們曾經一起哼唱的歌曲，我一定會釋懷地笑，即便有冰冷的液體從眼角滑過。

　　假如有一天，再次翻開我的日記，看那些對你的迷戀，看那時對你的執著，我不再對你執迷不悟了。

　　不成邏輯，卻能自圓其說的言論，字典裡解釋為「悖論」。即使再荒唐，那時的自己卻還是不爭氣地想和你在一起。我就是這悖論，是嗎？

　　愛情太強大，也脆弱，我沒能領悟。但關於「你不愛我」，我已經能夠全然接受了。

　　在漫長的別離裡，我只做一件事，就是專職愛你。如果愛情能成為職業，該有多好，我永遠都不會早退，永遠都不會轉行，任期就是這一輩子。

　　只是世界上沒那麼多如果，別後重逢，卻物是人非。你的劇本，我只是觀眾。

等待你的關心，
等到我關上了心

你之所以感到孤獨，並不是沒有人關心你，

而是你在乎的那個人沒有關心你。

● ○ ○

　　他第一次送她的花是彼岸花。她笑著問他：「爲什麼要送這種花。」

　　他說：「因爲這花的花語是純潔優美啊。」

　　兩年後，因爲遠距離而逐漸生疏，他們分手了。他又送了一束彼岸花給她。

　　他說：「你知道嗎？彼岸花其實還有一種花語。」

　　她淡淡地問道：「是什麼？」

　　他笑了笑，一如兩年前：「隱藏好的悲傷，不想讓你發覺。」

● ○ ○

　　我也知道，人生的旅途上，我們總要送別一些人，忘卻一些事。我只是不捨，那些輾轉在歲月中不願離去的身影，用一段段的青春，譜寫了我多少錦瑟的年華。

　　我從沒被誰知道，所以也沒被誰忘記。在別人的回憶中生活，並不是我的目的。

　　曾經的我，小心翼翼地愛你，怕自己在你心裡消失，現在的我，突然明白，即使我小心翼翼地愛你，你終究不是我的。愛一個人不是小心翼翼地愛就可以，如果你愛我，即使我不好，我任性，你依然會覺得我重要。原來不是我做得不夠好，而是我從未走進你心裡而已。

　　我總是在擔心會失去誰。有時我在想，會不會有一個人在擔心會失去我。

　　如果有一天，我變得連自己都不認識自己，請你告訴我，以前的我是怎樣的。

　　你也許毀了我的過去，搞砸了我的現在，但我決不允許你染指我的未來。

　　當明天變成了今天，今天成為了昨天，最後成為記憶裡不再重要的某一天，我們突然發現，自己在不知不覺中已被時

間推著向前走，這不是靜止的火車，與相鄰列車交錯時，彷彿自己在前進的錯覺，而是我們真實的在成長，在這件事裡成了另一個自己。

我們都是記憶兩頭的玩偶，被看不到的細線慢慢纏繞；我們都是路途兩邊的樹木，默默站在那些悲傷之上。那些微微顫抖的日子，那些已經不再美好的歲月，我們都要告訴自己，要好好地活。

我說，我要一個人的地老天荒。如果有一個人對我說，「我會陪你一起看萬水千山」，那麼，我願許他一世的溫暖，用我小小的力量。可是，有那麼多的人，走進我的生命，又漸漸淡出我的生活，不說再見，就此離開。

曾經以為，傷心是會流很多眼淚的，原來真正的傷心，是流不出一滴眼淚。

別人都說失去了才會懂得珍惜，我一直都很珍惜，但還是失去了你。

其實，我很好，只是不習慣，只是會偶爾難受一下，只是會在某一瞬間突然很想你，只是會在聽到某一句熟悉的話時很難過……。

我們沒有哭泣，那叫流淚，不叫哭泣。我們沒有難過，

那叫遺憾，不叫難過。我們沒有在一起，那叫分離，不叫不愛。

　　以前，我總是掏心挖肺地想著如何能讓你更快樂，所以委屈著自己。那麼，現在我選擇離開，不再等你，是因為我怕等了，就再也等不了別人了。

　　因為分手，所以從今以後，我問候你，只用朋友的口吻，或者稍稍強烈一點；我握你的手，只在禮貌性的時間內，或者稍長一剎那。

　　此後，沒有人會再看見我憂傷的雙眸，沒有人會懂得我那些欲說還休的心事。過盡千帆，驀然回首，忽然發現心裡還是放不下你留下的痕跡。從此，沒了自我，沒了期待，沒了未來，唯有回憶。

　　看的多了，懂的就多了，體會的多了，聯想的也就多了。情感豐富了，也就複雜了，矛盾了，傷感了，敏感了，受的傷也就深了，然後再去尋求簡單，發現再也簡單不起來了。

　　現在才懂，原來一個人，可以難過到沒有情緒，沒有言語，沒有表情。

　　我在想一個人，一個能讓我夜不成眠的人；我在愛一個人，一個能讓我刻骨銘心的人；我在等一個人，一個能和我白頭偕老的人。

　　我經常夢見你，我也經常夢見我自己，但是很少夢見我和你在一起。

給你的愛一直很安靜，
只願歲月靜美，你在身旁

你永遠也看不到我最寂寞時候的樣子，
因為只有你不在我身邊的時候，我才最寂寞。

● ○ ○

　　一盞路燈愛上了街對面的另一盞路燈，但他卻只是隔著一
條街靜靜地守候著她。有時明明是兩盞路燈對望了一整天，但
彼此連一個互相致意的招呼都不曾有。

　　但想想，比起中間那條街道上的人來人往來，這樣不變的
守望不也很好嗎？

　　終其一生的時間裡，他都始終不曾朝她走近過一步。儘
管，也從未遠離。

● ○ ○

如果可以，請許我一段塵埃落定的靜美時光。

我想與你，在綠蔭如蓋的大樹下搖扇喝茶，話一段日常趣事；我想與你，去雨後的空山裡摘金銀花，以花為被、做衣、當枕，裝飾一簾幽幽的夢；我想與你，在樸素安靜的山村中，看炊煙嬝嬝，聽漁歌號子。

是因為緣分嗎，讓你我相遇。你就這樣闖進了我的世界，讓我結識了愛情這東西，是這樣地讓人歡喜，叫人傷心。可是我還是那麼地想，想要和你在一起。

儘管我說不出來對你的愛，但我能感覺到，我已經愛上了你。我不會跟你說我愛你，因為我害怕，說出口了，它就從我們身邊跑掉了。

我害怕說愛你，我的靈魂因此而迷失了路，我在去找你的路上，卻不敢肯定你在何方，是不是等我？

我愛你是安靜的，如同你已經走遠了。我看著你美麗的背影，影子被夕陽拉得好長，好長……。

我愛你是安靜的，就像你在遠方玩耍。那笑聲悠揚清亮，我遠遠地傾聽，願用一生將這瞬間收藏。

我愛你是安靜的，猶如你已安然沉睡。我一遍遍默念你

的名字，你出現在我腦海每個角落，我的憂傷卻到不了你心窩。

我愛你是安靜的，一如時光靜靜流去。縱然你把我遺忘，我仍然把你放在我心裡最沉的地方。

我愛你是安靜的，每個孤獨的夜晚，我輕聲吟唱。你最喜歡的那首歌，毫無防範地，便將我的眼淚引航。

我愛你是安靜的，好像你從來沒出現過一樣。你像花兒般綻放，幸運的是我，曾聞過你的香。

在很久很久之後的這個清晨，春風化雨後清冷的街，於微寒中突然念及你是否安好？

給你的愛一直很安靜，安靜得我都好像已經忘了，這是不是愛，是不是對你的愛？

我們一起走過的馬路，都清晰的記得「我愛你」這件事情；一起爬過那些滿是荊棘的山頭，就好像是你我未來的路，一直走在你身後的我，看著你為我斬斷荊棘，開出幸福道路，緊緊握著我手的你，生怕在你身後的我受傷。

這時候你永遠不知道，當時的我有多麼的幸福。

這麼多年以來為你一直甘之如飴，然而此刻，我忽然有種無以名狀的憂傷。這憂是如此蒼涼，這傷是如此絕望。

　　只是不知道，對你的那些思念，會不會比這憂傷還要漫長？

　　如果有花飄過，我會把花心留給你；如果有風吹過，我會把樹葉留給你；如果有歲月潮湧過，我會把歡樂留給你。

　　獨處時仰望天空，你是天上的那片雲；寂寞時凝望夜空，你是最亮的那顆星；跟你漫步林中，看到的那片樹葉很美；疲憊時安然入睡，你是最近最好的那段夢境。

　　對你的牽掛在不知不覺中已經成了習慣。一陣風可以呼喚一個季節，一顆芽可以振奮一片荒原；你的一點關懷可以溫暖我情緒的冬天，你的淡淡祝福可以燦爛我一段人生。

　　如果水珠代表平安，我送你整個海洋；如果星星代表幸福，我送你整個星系；如果蜂蜜代表思念，我會把自己變成一隻小小的蜜蜂……。

　　最美好的承諾，不是我愛你，而是我會一直愛著你。最美好的愛情，不是轟轟烈烈，而是歲月靜美，你在身邊。

你沒有如期歸來，
這就是離別的意義

假如你想要一件東西，就放它走。
它若回來找你，就永遠屬於你；
它若不回來，那根本就不是你的。

● ○ ○

每個月的頭兩天，她都會光顧一次我的乾洗店，每次來，都帶著同一套男西裝。

有一次我覺得這衣服實在太舊，就偷偷用了一次水洗，沒想到西裝縮水了。

見面時，我不好意思對她說：「對不起，分錯了類……」

她豁達地搖頭答道：「沒關係，其實兩年前，我們就已經分開了，我只是感覺他好像出了遠門，總覺得他會回來。」

● ○ ○

　　指尖微涼，卻忘不了曾經的片刻美好，相守的日子總是來去匆匆，還未來得及深藏，只一轉身，你便消失在茫茫人海……。

　　六月的風帶著一絲清涼，把你從遙遠的地方捎到我的夢鄉。初醒的時刻，我便驚訝這份奇妙的夢見，是誰說過，今夜的風裡有一絲花香，那是你期待已久的芬芳。

　　隔著月色，我聽到了夏日的絮語，那裡潛藏著你繾綣的柔情，只是，我還未細嚐，就嗅到了一股苦澀的味道。愛情，原來只是一段我自導自演的故事，故事太美，而結局卻總那麼傷人。

　　臨窗，數著天上的星星，看那一顆流星消失在天邊。其實，一直以來的靜靜陪伴，脈脈地含香，總難以逃脫深情的目光，也許，有一份眷念才會有一份希望。只是，隔著天涯，我該如何希望？

　　落紅飛逝，滿地殘香，六月的末梢，總有一些纏綿的情愫在心頭游離，只是，今夜我只想靜靜地倚窗、沉默，然而，揮之不去的東西總會在不經意間氾濫。

　　當等待等不來期待，往事便一幕幕湧出，難以割捨的愛戀，頃刻間成了一堆荒涼。觸著清冷的風，不安分的情緒在

這個仲夏的夜晚肆意蔓延，想要吞噬掉我所有的光明。你模糊的背影總在眼前浮現，可是我卻捕捉不到舊時的笑臉。

遇見，用珍惜來增添溫暖。但有些遇見註定是要為憂傷作伏筆，而我該以什麼樣的姿態去祭奠這段消散了的時光？漫漫夜空，誰是我心頭溢滿的一腔思念？

只是我，想在消散的時光裡鐫刻下如夢般的韶華，誰都懂得放棄是最好的結局，也許，只是我過於執著。

今夜的思緒被想念搖曳著，落寞的心更加悽楚難耐，誰的心動搖了這六月繼續炙熱的決心？搖落的不僅是疼痛，還有寫在時光裡的一窗心事。當你如風的步履再次佇立窗前，寒透了的心是否會被解凍？

彼岸，當如水的月色輕灑在窗樞，誰的紅顏再次敲響我的門楣？而我註定只是停靠在你六月的一山煙雨，濛濛地散落在群山之中。

我拙略的文字，無法闡釋所有的蒼涼，卻想用心刻下和你一起路過的每一道風景，你在或不在，都一樣地守著曾經的奢望。這份時光給足的美好，你不來，我一個人獨享。只是，少了你，多了份惆悵。

　　誰說過，一盞燈光下一個故事，今夜的故事只在我指尖
泅開，或許是水墨情韻，或許是滿紙落花。合著衣裙，我在
月色妖嬈的窗前聽你遠去的腳步……。

我害怕，
我沒有你想的那麼好

我總是害怕，

有一天你會突然發現，我沒你想的那麼好。

儘管我那麼相信你，可是我還是害怕你會丟下我。

有時候，我多想一不小心和你到永遠。

● ○ ○

　　他第一次注意到她，是因為她左手拇指上塗成紅色的指甲。他腦海中天馬行空地想像，開始不停地琢磨她為什麼塗紅色？為什麼單單一個手指？慢慢的，他開始對她感興趣，她的特別充斥著自己滿滿的好奇心，一來一往，他們在一起了。

　　結婚那天，她問他為什麼會愛上自己。他很誠實，告訴了她紅色指甲的事情。她突然大笑起來說：「傻瓜，那是朋友買指甲油我幫忙試用而已。」笑著笑著她又哭了，說：「其實我很普通，只是在你眼中很特別。」

● ○ ○

　　第一次很早就開始倒數計時著你的生日，然後四處尋找合適的禮物。

　　第一次那麼認真地邀請一個女孩去看電影，雖然後來你說不想去。

　　第一次單獨買生日蛋糕，而且還準備了九朵玫瑰。

　　第一次折千紙鶴，埋在房間裡用心地折了九十九隻。

　　然後，當我小心翼翼地把我的思念展現在你的面前，「我怕，我沒你想的那麼好」是你的回答。

　　我該怎樣去理解這句話呢？是一句委婉的拒絕，拒絕我對你的好；可是我寧願相信這是一句對我的責備，責備我對你的不夠瞭解，責備我想得太過好，但至少，我有了堅持對你好的理由。

　　想起第一次見你，星星滿天的一個晚上，在安靜的圖書館遇見了安靜的你。你的那種安靜和專注的氣質深深地吸引了我，就是這麼簡單。有時候喜歡一個人並不是因為什麼具體的原因，一個簡單的細節也會讓人深深地迷戀。從那以後，我知道了在圖書館的同一個位置，總有一個一樣漂亮的手提包，一樣純淨乖巧的你，還有一樣的是我期待的目光。那些天，我很早到圖書館，只為找一個離你近的位置；我很晚離

開，只為守著你的身影，依依不捨。

　　只要有一天，在熟悉的座位沒有發現熟悉的身影，心裡就一直惦念著，發生什麼事了嗎？難道你心情不好嗎？或許坐在圖書館裡的其他位置嗎？想到這，我會放下書在圖書館轉了又轉，試圖發現你，但似乎老天在和我開著不懷好意的玩笑，每次我都找不到你的身影。只好帶著一天的遺憾回到寢室，然後開始想著下一次的相見。

　　一天中最期待的時間是在圖書館的晚上。只是因為在圖書館多看了你一眼，多看了你的字，就再也沒有忘記，一直在我的心頭惦念。而等待我的是無盡的思念。

　　躺在床上，一遍一遍翻看著你的訊息，想著你發訊息時的樣子，想著你的好，你的笑，然後睡去。

　　拿著手機，不斷地刷新，只為能看到你的出現，看到你現在的心情和狀態，然後能夠找到話題和你聊天……。

　　每一次手機的震動，伴著我期許的名字，多麼希望此刻的你思緒也能在我身上停留，就算只一瞬間就足夠……。

　　思念是一種病，明知道思念只會增添心中莫名的煩憂，卻還是忍不住一遍又一遍，一次又一次地試圖透過思念將你緊

緊牽絆。想你了，真的心動了。原來感覺來了，那個人出現了，喜歡上一個人是那麼的容易。

　　可是喜歡你而又不敢跟你說真是一種痛苦，其實我並不是不敢，我怕打擾到你本來安靜快樂的生活，我不想看到你的不高興，真的，我不怕被拒絕，我可以在一個空曠的地方治癒我的傷口，我有足夠的心理去承受一切，但是我不願打擾到你。我怕我自己沒有足夠的好，我有什麼呢？我能帶給你什麼呢？

　　「我怕，我沒你想的那麼好。」生日那天晚上，你看著我，靜靜地說。

　　其實，我心裡，也想著同樣的話。我也害怕，害怕我沒有你想的那麼好。

溢出心的期待，
變成了在你面前的膽怯

人在面臨幸福時會突然變得膽怯，
抓住幸福其實比忍受痛苦更需要勇氣。

● ○ ○

多年後，她出席暗戀多年的男孩的婚宴，男孩變得風度翩
翩、侃侃而談，坐在男孩身旁的是美麗動人的新娘，雖然看著
不是滋味，但也得過去祝賀他一番：「多年不見了，你變健談
了呢，以前你和喜歡的人說話，舌頭總像打結，現在能把這麼
漂亮的新娘娶回來，厲害！」

男孩聽後臉紅耳赤，說道：「真、真、真的嗎？」

● ○ ○

　　顫抖的手在紙上劃動著，淚水啪啪地落下，濕了宣紙，散了筆墨。筆，刻劃不出對你無盡的思念；墨，染不出你那朦朧的身影。

　　有一種愛叫作單相思，為愛守望；有一種愛叫做得不到，為愛祈願；有一種愛叫做癡相戀，為愛無悔；還有一種愛，叫做膽怯，因為愛得深沉。

　　開始的時候，我們都是孩子；最初的相戀，我們渴望變成天使。純真、聖潔、醇美，都是我們青春裡的美好標籤。一間教室我們一起待了三年，一張桌子是我們之間的距離。

　　最後我們假裝成長；結果我們成了童話故事。離別、思念、癡心，成了自己生命裡的魔障。

　　上天對我們何其不公，分別將我們所愛的人從身邊奪走；但上天對我們也何其寬容，可以讓我們遇到彼此。

　　「我喜歡你」這句簡單的話，最終還是由於膽怯，而永遠埋葬在我的青春裡！

　　思念，如一縷嬝嬝不盡的青煙，落於筆端之時，總有絲絲的甜蜜與心痛相伴！是的，思念，是一個如詩一般美麗的話題，然而，細細品味，更多的往往卻是無奈和酸澀。

　　思念本沒有季節相隔，或許，時而會有濃淡深淺的表達，如春的溫潤、夏的火熱、秋的詩意、冬的深沉，都是主題的不同演譯而已，深愛著，思念便會如季節的改變而起伏。

　　思念，是一首憂傷的歌；我想著你，你想著我，淚眼相對，卻咫尺天涯。

　　你可知，我心底的無奈和埋怨？固執地、不依不饒地責怪。心慌如暮野的荒草，肆無忌憚的瘋長。只有你溫柔的目光，才能收割。

　　愛，原來只是瞬間的事情。只是為何？你卻又只在心底、在夢裡、在雲端，在我沒有勇氣觸碰的地方？

　　思念，是十里長亭送別後的期盼、是「兩地沉吟各自知」的低徊、是「玉枕紗廚，半夜涼初透」的嬌憨，是「睡裡消魂無說處，覺來惆悵消魂誤」的悲涼，是「衣帶漸寬終不悔，為伊消得人憔悴」的執著，是「眾裡尋他千百度，驀然回首，那人卻在，燈火闌珊處」的焦灼和欣喜。

　　親愛的，讓我望你一眼、再望你一眼，你看到了嗎？梨渦淺笑，盈盈地，鋪向你我往返的途中。不知不覺中，淚花卻又如湖水，在心底漫延！我終於認命：思念，如一縷嫋嫋不盡的青煙，始於傾心，卻沒有終點……。

　　喜歡花開的燦然，大朵大朵的怒放，如曾經的華年。再薄涼的浮生，青春時都曾爛漫過。

　　是誰說過，有情不必終老，暗香浮動恰好？淌過歲月的恒河，眼睛與眼睛之間的距離，都藏在了諾言的背後。我只記住了你最初的微笑，暖若生命的燈塔。

　　後來，我喜歡並習慣了對變化的東西保持著距離，這樣才會知道：什麼是最不會被時間拋棄的準則。比如愛一個人，充滿變數，我於是後退一步，靜靜地看著，直到看見真誠的感情。

PART 4

愛，只能遇見，無法預見

愛情可以很簡單，
就是我很想遇見你的時候，你也正好在找我；
愛情可以很複雜，
我很想和你在一起的時候，你想的也跟我的一樣，
可是我們後來，就是沒在一起。

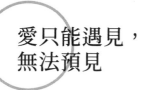

愛只能遇見，
無法預見

故事的開頭總是這樣：
適逢其會，猝不及防。
故事的結局總是這樣，
花開兩朵，天各一方。

● ○ ○

　　相戀兩年，不管是出門逛街，還是外出遊玩，他總是風似
的在前面走，而她，要一路小跑，才能跟得上。

　　終於，她累了。

　　她說：「我們，還是適合做朋友呢！」

　　他不解，問道：「爲什麼？妳不愛了嗎？」一邊說，還用
力的搖著她的肩膀。

　　她笑了笑：「愛，很深。但，你的腳步，我永遠跟不上。」

● ○ ○

　　你說：「人生就像一場舞會，教會你最初舞步的人，卻未必能陪你走到散場。」然而，我們真的有那麼多的機會走下去，卻在相同的十字路口，不約而同地選擇了轉身。

　　錯過了的人，默契地消失在了人海，成了見不到也不能去見的「陌生人」。只是，春去春來，潮生潮落，可不可以輕輕地問一句，陌生人，你還好嗎？

　　有時候，我問自己，我們還算不算是朋友。頓了片刻，不覺笑了，我們是陌生人，陌生人自然不可能是朋友。我們熟悉了人生，熟悉了青春，熟悉了所有的一切，可是漸漸地長大了，熟悉了所有，卻陌生了彼此。

　　我們理所當然地用上了「最熟悉的陌生人」一語，卻是想當然了。我們其實不熟悉彼此，一點也不。我們只是彼此青春河流的一朵小浪花，一個迴旋，消失殆盡，然後在不休不眠的夜裡，思念成疾。

　　揭開往昔，尋一樹梨花，揭開它的雪白純淨，一如你的溫潤善良；一如你的親切可愛。抬頭看窗外，人依舊，花還在。走進那相逢的場面，你在，我在，只是緣分已不在。

　　親愛的陌生人，愛若離去，那還有什麼存在？空氣中，

無情的風雨捲走承諾得很美的夢，還在跳動的是心情，那靜靜流淌的是淡淡的愁思，無奈地被遺棄在歲月的塵埃裡，撕扯著記憶。你的話語是那一縷最暖的風，讓我的靈魂沐浴著無限春光，你的笑是初春的細雨，讓愛情得以溫柔滋潤。

迷失了的是憂傷，呢喃低語的是枕邊的花瓣，註定要放棄的，是等待。

親愛的陌生人，路過似曾相識的一地，你是否會停駐不前，覺得有些熟悉，有些懷念。陌生人，聽到一起聽過的曲子，你是否會嘴角上揚，覺得有些語塞，有些哽咽。

親愛的陌生人，見到一個模糊的背影，你是否會亦步亦趨，覺得有些徘徊，有些激動。陌生人，想起那些稚嫩的時光，你是否會不言不語，覺得有些可笑，又有些可惜……。

親愛的陌生人，你還會在初夏的午後，著一套輕盈的百褶裙，綁著高高的馬尾，從誰面前走過，最後成了誰的誰？

親愛的陌生人，那蔥鬱的小樹林，離開之後，是否經常回去看看？我是時常夢回那時那地，看看風景，也看看人。

親愛的陌生人，還記得那些年的專屬記憶嗎……於你，或許早已忘記，可我，卻刻在了心裡，一筆一劃。

　　親愛的陌生人，還記得那些聽著前奏就很喜歡的歌曲嗎？那麼長的時間，我一度只會那些歌。只是，淡入淡出間，我已淡淡地放下了。

　　有時候，飽含激情地輸入號碼，寫滿整螢幕的短訊……卻在撥號、發送鍵的時候，哆嗦了青春，蒼老了心境。似乎，所有的勇氣在那幾年被消耗一空了。

　　預演了很多次的重逢，卻一次也不會上演，相見的衝動，會在見面的前一秒鐘生生熄滅。

　　是不是覺得很可笑，很難想像。曾經那無所畏懼的小青年，恍惚間，已經收斂了那些年不羈的愛與恨。所有與歲月有關的滄桑、風雨、浮沉……都無一例外地寫在不再稚嫩的臉上。回頭間，你發現，其實真的陌生了。

　　無關乎時間長短，無關乎距離遠近。對遙遠的你，輕聲地問一句，陌生人，你還好嗎？

思念，
過期作廢

> 喜歡你，很久了。
>
> 等你，也很久了。
>
> 現在，我要離開，比很久很久還要久……。

● ○ ○

　　那天正下著小雨，男孩送女孩回家，是離別前最後一個雨夜。雨淅淅瀝瀝地打在他身上，彷彿在催著他，快點告訴他身邊的女孩，你有多麼喜歡她。離女孩家一步一步的接近，他半聲不吭。停下腳步後的好半天，他才說：「妳到了，我走了。」

　　女孩說：「好吧，路上注意安全。」

　　這一夜，他不知道是怎麼過的。

　　三年後的某一天，他們又遇見了，男孩終於鼓足了勇氣，說出了「我愛妳」。

　　女孩卻淡淡地說：「我想念你也三年了，思念到如今，已經過期作廢了。」

● ○ ○

思念就跟愛情一樣，是會耗盡的。無奈要分隔兩地，一開始我想你想得很苦，恨不得馬上飛奔到你身邊，再也不要跟你分開。

後來的後來，我沒那麼想你了，不是不愛你，而是這樣的想念是沒有歸途的。我再怎麼想你，還是見不著你，摸不到你，只是用思念來折磨自己。於是我知道，我得學著過自己的生活。

歲月是一杯清酒，靜靜地品酌，你會發現，在它的眼中，沒有化不開的思念，沒有解不開的情愁，沒有沖不淡的眷戀，沒有抹不去的煩憂。

本以為，刻骨銘心的傷痛，癒合後，還是會有醫不好的印痕，稍不小心的觸碰，就會招惹到放縱的淚水。才明瞭，它只化作一縷輕煙，靜靜偏安在心靈之隅，倘若不再觸碰它，就會被歲月蒙塵，隨風飄散。

於是，該忘記的，不該忘記的，就這樣忘記了，就輕輕釋懷吧，倘若愛已不再。

人生多彩的演繹，不為一個無謂的人變得蒼白，生命漫長的旅程，不因一個不值得的人而黯淡，生命所賜予的愛恨情

愁，苦樂煩憂，我一一珍藏，不悲不喜。

　　在人生的不同月台上，有時是在等待某個人，有時是在送別某個人。有的人要離開，我不去強留，也不會苦苦哀求；有的人要走來，我面帶微笑，深深感激幸福對我的慷慨。

　　總有一些人，註定不屬於你，總有一些情，註定要分離。回望來時的路，你與我一起，灑下點點滴滴的歡笑，溫暖了我孤單的足跡。

　　到了盡頭，我無悔，也無怨，為收穫了的那一片真誠，也曾真摯地流淚，也曾動情地心傷，臨別時，我仍帶著謝意，細細品味你給予的快樂和美好。

　　總有一個人，註定要為你而停留，總有一份情，註定要與你天長地久，分享你的喜怒哀愁，帶給你無限真摯與美好，給予你別人給不了的快樂和美好，還有，一直期待的歡笑。

　　原來幸福可以來得這樣突然，而回憶卻再也給不了即便只是多一度的溫暖。於是這美好，將往日時光裡的陰霾，統統趕跑。

　　曾經失去的人，卻早已將溫柔的心，悄悄遞呈給他人。而身邊滿溢的柔情，正靜靜流淌於那珍視你的明眸，使你相

信，有一種微笑，只為你而燦爛，有一種溫暖，只因你才長存，還有一個人，只為你而心動。

於是明瞭，這一輩子，我們都在走著各自的路，因為緣分，我們邂逅，遇見了彼此生命的交集，共同經過一段浪漫之旅；也因為緣分，我們轉身，背對著背向前走，在彼此的足跡裡寫滿回憶。

緣起，則聚，緣滅，則散。深深淺淺的緣，各種各樣的人，與你一起譜寫一些美麗，一些感動，一些溫存，一些眷戀，由它們，拼湊成你多彩的人生。

緣分到了，我們攜手，從此依偎，就連回眸一笑，都帶著美好。

緣分盡了，我們轉身，便是陌路，甚至回首相望，都不再留戀。

都有自己的路要走，誰也不能陪誰到最後，即使心有不甘，即使有太多無奈，所以，我們要有勇氣，面對別離。

你的離開，或許會在我心中平添太多的憂愁，讓我在無邊的暗夜裡，獨自神傷。哭就哭吧，笑就笑吧，今夜，就讓我放縱地流淚，讓我盡情地傷悲，讓我為靈魂來一場狂歡。

　　只是，在天亮以前，我會把陰霾統統趕跑，把已經陳舊的夢，小心地收好，至於你和回憶，要麼放逐，要麼珍藏。然後，微笑。

　　因為明天，我還有我的美好……。

愛情使人忘記時間，
時間也使人忘記愛情

真正的忘記，並非不再想起，
而是偶爾想起，心中卻不再有波瀾。

● ○ ○

男孩說，「我愛妳。」

女孩說，「等我也愛你了，會告訴你。」

男孩絕望地離開了。

二十年後，女孩說，「我愛你。」

男孩說，「我已經忘記愛妳是什麼感覺了。」

女孩哭了，說：「你怎麼這麼殘忍，我用了二十年才真正地愛上你。」

男孩揮手走了，哭著自言自語：「我用了二十年才真正忘記妳。」

● ○ ○

那時年少，以為決絕是最好的成全，時間能讓人把一切忘掉。後來，才知道，有些人，一輩子，都忘不了。

如果我不喜歡你，我就不會思念你，就不會妒忌你身邊的異性，就不會失去自信和鬥志，更不會痛苦。如果我能夠不喜歡你，那該多好。

愛情很痛，也很美，它能夠使人忘記時間。

自從潘朵拉魔盒裡放出各種瘟疫與病菌，讓世人痛苦的時候，我想一定有一種叫作愛情。很不幸，人類，那樣地易於傳染，那樣地易於接受。

每天都在聽著那些或有點感傷，又有點憂鬱的情歌，自己也漸漸地迷失在孤寂的情緒當中。不知道是為誰，就在自己的臉上淌出兩行淚水，真的好似吞進了兩片毒性很強的藥，苦苦澀澀，難以言訴。

我有時候會想：人的兩隻眼睛是否就是兩個隨時都會噴湧的泉眼呢？只要有憂傷就會源源不停地輸出淚水，這兩行淚水一行伴隨著愛的痛苦與艱難，一行伴著被愛的擔憂和困惑，它們在每一個夜裡陪兩個相愛的人一起失眠，陪兩顆相愛的心一起思念。

愛的痛楚，夾雜著無奈和傷害，它壓在肩膀上，由愛著

的人來承擔！愛到深處，誰沒有真的感受到痛苦。正如哲人所言：「沒有感覺痛苦的愛不是真的愛情。」

在愛中，多少痛能最終化成雲煙一縷，不著一絲痕跡就在心間輕輕飄去？多少苦能在最後平靜成止水，再不起一波微瀾就可以在心裡淡然？

或許人們在愛的最後都不能確切地對自己說忘記，而那些傷與痛便也不會真正消失，而是在生命的血與肉上結了一個或深或淺的疤痕而已。

枕著一個人的名字睡去，夢裡夢外都為他流著悠長的淚水。當你愛了，誰又沒受過這樣的折磨？

只有愛情，當它替你送來鮮豔的玫瑰，當它吹開你封閉已久的心扉，當它又驚鴻一瞥地匆匆離去，誰又能接受這歡喜之後的落寞？

這也是愛情最大的魅力，雖痛卻是快樂的，雖痛卻是滿足的，雖痛卻是甜蜜的，雖痛卻又是幸福著與期待著。

愛需要珍惜，若是緣分盡了，就各自天涯，沒有必要太過憂傷，因為時間，既讓你認識了愛情，也能夠讓你忘記愛情。

人會因為喜歡而產生依戀，因為依戀而凝固情結。於是漸漸地在腦海裡深刻著：那個曾經相愛，如今卻不在我身邊的人，是我最親愛的人。

愛情是一座大房子，寬敞、明亮、整潔，美麗而誘惑著每一位從門前經過的人，而房子的主人，永遠只會是兩個，他們彼此相親相愛，相互依偎。當你的生命走到這座房子面前的時候，同樣地，每天也有很多人笑著從愛情的門前、窗前走過。

有時會有人探過頭來望一眼窗內的風景，甚至有的人會推開房門，跨進門檻。進到屋子裡的人，會等待，也會離開，而等待的人無非就是，期待有一天會有另外一個人走進自己的愛情。在這份對愛的渴望與期待中，總有一些人因為房子的門檻太高，因為窗簾的顏色不喜歡，因為房子不是朝向陽光等等原因，而不與房內的你一起歡笑與流淚，但是這樣，最終還是有人走進了你的房子。

如果你聰明，就會知道，執手相看你的人、離你最近的人、為了與你在一起而留在這房子的人，才是最關心你的人。

你那麼可愛，
本就應該遇到最好的人

這個世界上最殘忍的一句話，
不是對不起，也不是我恨你，
而是，我們再也回不去了。

● ○ ○

男孩：「想要去哪玩？」

女孩：「嗯……公園吧！」

男孩：「嗯，走哪邊？」

女孩：「嘻嘻……你這個小笨蛋！都和你去過多少次了，你還不知道怎麼走……小路癡。」

男孩不再說話，只是聽著她的指揮帶她去了公園……。

男孩的朋友知道了，就問男孩：「我看你平時都認識路啊！爲什麼你總是問她？」

男孩微笑著說：「因爲那時的她特別可愛。」

● ○ ○

我始終覺得，蝶，只是為花而來，而花，獨為蝶開。

我一直都把自己當作一朵花，素樸、淡雅，脈脈流芳，而把你看作一隻蝶，吸引、誘惑，真情流露。

那麼，你也要相信，你，是為我而來，而我，是為你而開。

在清晨的微風裡，在午後暖暖的陽光中，在晚霞的紅雲中，我把自己開放成最美的姿態。

有著淡淡的花香，雖沒有絕色傾城的外表，卻有著讓人無法琢磨的吸引。只是，只是為了迎接你的到來。

最初的懵懂是蕊中的露珠，陽光般地透明，那麼清澈，那麼溫暖……。

因為有了期待，有了盼望，心中便有了幸福的悸動，有了甜甜酸酸的感覺，那是尋常女子尋常的小幸福。

靜靜地等待著一場相遇，在心中喜上眉梢，在眼中卻上心頭，這就是緣分啊，屬於你和我的緣分。

於是，我在每一個時刻，深情地凝望你的方向，悄悄地看著你必經的路。

我心中堅信，你一定會越來越近，而不是漸行漸遠……。

　　時間能做的，並不單單只是讓你忘記一個人，或者一些事。時間也可以證明，證明你的成長，證明你所有的孤獨是為了破繭成蝶，證明你花費力氣與青春的等待沒有白費。

　　單身的人就像一隻蝴蝶，破繭成蝶前，總要經歷一段孤獨不安的時光。你只有在一個人的時光裡讓自己變得優秀，才有資格訴說單身的驕傲，邊等邊找。

　　不要再沉湎於往事了，因為你擁有的只是當下，以及明天。昨天都成為了奢侈的懷念，你還耿耿於懷有何用呢？我把自己開到最濃、最豔、最香、最軟，只是，為了讓我在最美的時候和你遇見。

　　最美呀，人的一生只有那一個最美，是春天桃的韻致，夏天荷的風情，秋天菊的淡然，冬天梅的嬌俏……。真誠的心總會有感人的回報，我的翹首期盼終於驚動了天和地，驚動了那個日夜思念和盼望的你，冥冥中我似乎看見了，你帶著誘惑的暖意，輕輕地來了，漸漸清晰的身影，讓人沉醉。你並不是最帥、最優秀的那一個人，卻是最溫暖、最真實的一個人。

　　我知道，我無法拒絕你的一切，就像一朵花，無法拒絕蝴蝶。

　　你在我開放的路口，停住了腳步。花開爛漫，你單單注

意到了我這一朵，單單是我這一朵呀，這分明是上天的眷顧。

　　我為此無限感動，以至淚流滿面。你看到了嗎？那似一滴一滴的晨露，便是我一滴一滴的感動。

　　相遇，是一場緣，誰也不會知道，我是為你而開。可你，應該知道。我們擦肩而過，已經是緣分不淺，是前世的你我在佛前苦苦求了五百年。

　　如果沒有緣，即便望穿秋水，即便近在咫尺也不能相遇。所以，我時時刻刻充滿了知足和感恩。

　　我無限期待和盼望的結果終於實現，我們終究還是有緣的，在滾滾紅塵中，為了這一場相遇，我寧願做一朵塵埃裡開出的花，對著你的方向，開得花枝亂顫，開得嫵媚妖嬈。

　　總有一天你會為我而來，我相信……。

既然已經做出了選擇，
又何必問爲什麼

面對兩個選擇時，拋硬幣總能奏效，

因為當你把它拋在空中的那一秒裡，

你會突然知道，你在希望什麼。

● ○ ○

　　她知道最近他跟初戀又有了聯繫，而且走得很近。於是在他洗澡的時候拿他手機，在連絡人中將自己的名字改成他初戀的名字，並發了則訊息：「我還愛著你！」然後在房間等著他的回覆……。

　　過了一會兒，來了一則訊息，看完後她流淚了。

　　螢幕上寫著：「對不起！就把那當成美好的回憶吧！我結婚了！而且我很愛她！」

　　房間裡的她，幸福又後悔地哭著！

● ○ ○

你遇上一個人，你愛他多一點，那麼，你始終會失去他。然後，你遇上另一個，他愛你多一點，那麼你早晚會離開他。直到有一天，你遇到一個人，你們彼此相愛。終於明白，所有的尋覓，都有一個過程。

你要知道，一段沒有結局的感情，在開始時就預示著結束了，但是心該如何忘掉過去？一幕幕烙下那些所謂的曾經，還有泛黃的誓言。

你們曾共同堅持的約定，如今卻變得面目全非。染了傷的風景，彷彿每個畫面都有他。

你的心像秋日裡的落葉，飄蕩在他的世界裡。沒有他的日子裡，你的思念是一條線，緊緊牽住那些過往。

把他放在心上，是你最美好的回憶。那是一段只有你獨白的故事，你一人扮演兩個角色，一句一詞的講述著一個人的地老天荒。

他的顰笑，已成為你最奢侈的享受。他的快樂也成了你的快樂，他的傷心便是你的傷心。

你在心底默念著：「我是愛你的，而你是自由的」。

愛情，總有一個美好的開始，美好得讓所有人都以為，

相愛的人可以永遠攜手走下去。

　　愛情，總有一段甜蜜的回憶，甜蜜得讓曾全心付出的人，直到受到傷害仍無法忘記。只有相愛的人，才能讓愛情永恆。

　　於是你逐漸懂了：愛情是需要勇氣的，需要勇氣去承擔相遇，也需要勇氣去接受爭吵，更需要勇氣去承受分別。

　　沒有一種愛，不是千瘡百孔；也沒有一種愛，可以遺世孤立。但凡是自己已經做出的選擇，就不必再去問為什麼。

　　在愛情裡行走，在思念裡走過，必定遇到艱險和惶恐。可是能在千萬人之中遇見，就已足矣！

　　於是你逐漸懂了：每個故事都有它被講述的理由，也有它被遺忘的經過；每個愛情也都有它遲來的緣由和歸去的必然。不必在意，即便洗盡鉛華，時光飛逝，也不可能做到一塵不染。

　　你和他，翻山越嶺地遇見，漂洋過海去相愛，然後無疾而終，不聲不響地錯過，你不知道緣由，不知道為何當初為他心動，因他撞上愛情，卻也為他傷透了心。於千萬人之中回頭，於千萬人之中覓緣，於千萬人之中攜一人手，走萬里

路。只是，哪來的塵緣，哪來的相逢，哪來的後來？

　　其實，一盞茶，足以沖淡梅香；一抹雲，足以模糊來路；一個轉身，也足以忘記曾經不渝的信誓旦旦。

　　那些在你們相逢時許下的諾言，眨眼間全成了哄騙。那些在你們熱戀時銘刻的誓言，於談笑間全成了謊言。

　　你因此難過了很久，你大聲疾呼：「好一個執手走天涯，未待繁花落盡，就自行枯萎；好一個歲月靜好，現世安穩。精心編織的情網，竟是一場空。」

　　可是你要知道，一切，都是最好的安排。你自己折斷的花枝，別想讓它開出當年模樣；你自己砸碎的琉璃瓦，別再想拼湊起當時光華。

　　你和他的愛情，是問不得緣由的。愛情來時無需躲，它想找尋的躲也無處藏；但愛情去時也無須留，它想隱去的留也留不住。

　　愛情說的每句話，不要太過執迷，它想籠絡你，你就算再理性也「在劫難逃」。也無須句句都生疑，它想破壞你的愛情，定有「千方百計」。

　　每個人想要擁有的愛情，自當華美，但也不必為之沉

迷；自當妖豔，也不必為之影隨。

　　真實的愛情，只是樸素的一件衣，遮體防寒。沒有它，不是不能獨活，只是活得不夠光鮮、生動。

　　無須強求，愛情自己會來找你，也不必追問對與錯，這世間也本沒有對錯，只是事後憑自己意願為自己編排。

你我形同陌路，
相遇只是恩澤一場

祝時光模糊成一首拖沓的詩，

所有的故事不過是相遇後分離。

你慢慢消失在幽深的夢境，我跳進一個巨大的圓圈，

從此不見，只剩懷念。

● ○ ○

　　她常常在公園的湖邊看夕陽，還發現有位年輕的男人和她一樣。他注意到她了，他們聊天。她問：「你喜歡看夕陽嗎？」

　　「嗯，看夕陽可以忘卻煩惱。」

　　她開始每天都去那裡等他，一起看夕陽。有一天，他沒有來，她連續來這裡等了幾天，終於又見到他。

　　「怎麼這幾天都沒來？」她低著頭，輕輕地問。

　　「以後也不會來了，我要去另外一個城市了。」男人輕輕地回答。

　　從此，她也不再去那裡了。

● ○ ○

　　有時放棄也是一種美，做不了你寸刻不離的相依，成不了你一生一世的永遠，就與你做隔著時空的熟悉的陌生人，這也許是彼此最好的選擇！

　　孤獨時仰望藍天，你是最近的那朵白雲；寂寞時凝視夜空，你是最亮的那顆星星；閒暇時漫步林中，你是擦肩的那片綠葉；疲憊時安然入睡，你是最美的那段夢境。

　　空曠的大地上有陰影，那是因為天上有雲。大海的岸邊有濤聲，那是因為海上有風。長江的水不停地在奔流，那是因為思念大海。我把星星都變成希望，那是因為遠方有你。

　　相識在一個甜甜的微笑裡；思念在一聲輕輕的問候裡；牽掛在一段深切的留言裡；深愛在一句真摯的祝福裡。

　　就與你做隔著時空的熟悉的陌生人好嗎？一份愛不能相守，只能做出那樣的選擇。

　　不需要太多的海誓山盟，也不需要太多的追求，只要默默地守著那份屬於自己的感動和激情，也許，那就夠了。

　　只會在每一個孤獨與寂寞的夜裡，在獨自神傷的時候，重溫那一點點曾經有過的感動，以及每一次失之交臂後的遺憾。

　　生活裡，我們總有太多的牽羈，我們真的無法好好地去把握，所以，我們只有在愛和夢的邊緣默默地徘徊著，良久駐足。

　　你走不進我的生活，但卻註定走不出我的生命！能做的只有遠遠地看著你，在夢中一次次地牽著你的手，但今宵夢醒何處？

　　只因為愛你呀，我拋卻我的全部心情來快樂著你的快樂，悲傷著你的悲傷。我們沒有對彼此的承諾，但有著對這份感情同樣的無能為力。

　　因為愛過，所以理解；因為痛過，所以深刻；因為錯過，所以無奈。那份無能為力的愛這麼多年從不曾忘記，我以為我可以遺忘，可是當往事不經意間流過心底的時候，那份心酸卻仍然彌漫，讓我無從逃避，原來我從來都無法忘卻。

　　只因為愛你呀，我的愛人。我願意一個人靜靜地陪在你的身邊，感覺著你全部的心情，做你永生永世的知己。

　　如果愛是無法忘卻的，那麼就讓我把它裝進我的靈魂裡，期待著有一天，當雨點輕打你的窗時，你能夠想起昔日的舊模樣，想起那位與你隔世離空的我。

　　歲月匆匆，花開花落，那些刻意遺忘的偏偏刻骨銘心。也許那只是一個傳說，你我是傳說中擦肩而過的旅人，別樣的心情早已將青春寫在同一種情緒裡。

　　是呀，愛是無法忘記的，那麼就讓我們把這份愛埋藏在心底，期待著有一天為你等成一棵春天的樹，在你經過的路口，為你灑落一身的花雨。而你可知道，那點點滴滴的花雨，都是我前世今生的企盼呀。

我的世界你來過，
就不是過客

可能你只是我生命裡的一個過客，

但我不會遇見，第二個你。

● ○ ○

很久以前，還是學生時代，他偷偷地喜歡著一個女生，這個女生很愛遲到。每次遲到，坐在她後面的他就會笑她小傻瓜。

很多年後，他成了經理。一次員工招募中，快結束的時候一個女子氣喘噓噓地跑進來。

「對不起，我遲到了。」

他震了一下，傻笑著說：「小傻瓜。」

● ○ ○

　　我一直以為自己贏了，直到有一天看到鏡子，才知道自己輸了。在我最美好的時候，我最喜歡的人卻沒在我身邊。要愛就不要等，只有時間才真正懂得愛情本身有多重要。

　　不要等到孤單時才想起戀愛；不要等到有人愛你時才學會追求；不要等到分別時才肯說我愛你；不要等到分手後才後悔沒有珍惜。

　　曾經幻想，有一天，不做現在的我，變成另一個人，過另一種人生，愛上別的人，經歷另一些愛恨恩情與離別，體會另一種無常，再也不會遇到愛過的你，在另一種人生裡，和你成為徹徹底底的陌生人，也許會相遇，但絕不會再相識。

　　那會是怎樣的人生？若真的過了那樣的人生，再也不會遇上你，是會比較幸運還是不幸？

　　我的世界，你來過。在我燦爛的花季，你輕輕地來過。你是一隻斑斕的蝴蝶，驚動了我的花心，我的心事如一地茂盛的春草，蔓延著，滿山瘋長，不再含情眺望，不再羞澀描妝。

　　而你，卻輕拍翅膀，在我每一次欲用我那震顫的花蕊抓住你的時候，挪步躲藏，做自由飛翔。我的花瓣無力地低垂，悲傷地枯萎，寂寞地凋零。隨秋風漸緊，無奈地飄蕩。

我不該怪你，你來過我的世界，探尋過我的花季。

那你就不是匆匆過客，你是我心頭那一抹春色。

在我寧靜的湖心，你輕輕地來過。你是一隻輕盈的蜻蜓，劃出我心中層層波紋。從此，湖面不再平靜，在深深的夜裡，也把一湖盈盈的月光搖出靜謐的神韻，讓一湖碧波不再寂寞。

你只是偶然路過，出於習慣，用薄薄的羽翼輕點我的湖心。可我卻從此春心蕩漾，連寂寞都華美出夏的衣襟，展開絢爛情懷，將你苦苦等待。當一隻蝴蝶再次光臨的時候，緊鎖的心扉已難再打開。

我不該怪你，你來過我的世界，你激盪過我的情懷。

那你就不是偶然的過客，你是我心頭那一抹春色。

在我寂寞的天空，你輕輕地來過。你是一枚孤獨的落葉，你理應飄落大地，卻旋風般地升騰到我的心中。那痛苦的掙扎，讓我的眸光難再空寂無情。

以蔚藍的色彩接納你，用如水的柔情溫暖你，希望你重獲新生，以飄逸的姿態劃過天空。你我的緣分幾千年前就早已註定。不要再說什麼你是我的過客。幾千年前，你就是我心頭那一抹春色。

　　你無意間闖進我的世界，讓我成了一個癡情的守望者。錯把開頭當結果，在錯亂的情節裡，獨自躲在角落裡，偷偷地落淚。

　　我的世界你來過，那你就不是一個過客。一縷陽光照進偏僻的角落，那朵被陽光親吻過的小花何曾忘記過？一滴春雨灑向一堆雜亂的瓦礫，那棵被雨滴撫摸過的小草何曾忘記過？一聲嘆息在眼前飄過，那荒涼的心又何曾平靜過？你曾來過，就成了我心頭一抹永遠的春色。

　　我的世界，你來過就不是過客。

曾有一段情，
溫暖過生命

應該趁著年輕，和喜歡的人一起，

製造些比夏天還要溫暖的故事。

●　○　○

從前，有一隻兔子。

又來了一隻兔子，牠扶著耳朵站在第一隻兔子的肩膀上。

又來了一隻兔子，牠扶著耳朵站在第二隻兔子的肩膀上。

又來了一隻兔子，牠扶著耳朵站在第三隻兔子的肩膀上。

……

又來了一隻兔子，牠扶著耳朵站在第九隻兔子的肩膀上，

親了長頸鹿一下。

●　○　○

時光流逝，一切都安靜地前行，一切都像你我相遇時那般美好。

見到的清澈的河水，流向了自己看不見的遠方，那些在懵懂年華裡留下的遺憾，不知何時化作了種子，埋在心裡的某一個角落，在某個不經意的時候，眼淚滑落到那一片小小的地方，遺憾的種子生根發芽了，就好像是春天來了！

總是在不經意的時候，回眸遠眺，看著自己一路走來時的腳步，有苦，有甜，有笑，有淚。

在走走停停之間，我也逐漸放慢了匆忙的腳步，感受那一路走來的彌足珍貴，感受曾經的那份情，它也曾溫暖過生命。

最怕舊地重遊，最怕眼前的景象依然如過往，卻唯獨不見了曾經那些人兒。

最怕獨自想念，卻無人在身邊；最怕深夜時寂寞嚷鬧，卻沒人回應；最怕那個很愛很愛的人，突然哪一天，就消失得像一場夢。

於是很多回憶中的人，都被我們留在了照片裡，而拍照的好處，是可以在人生微涼時，用回憶取暖。

回憶裡的那個人，你還好嗎？現在輾轉到了哪個人的世界，那裡是否色彩繽紛，繁花似錦？那裡是否也有一張愛笑的臉？她是否惜你如命？

回憶裡的那個人，你還好嗎？當時走得那麼決絕，現在是否如魚得水？時間又回到了我們分開的季節，我們的青春停留在我們爭吵時期，我們的偏執把昨日的美好擱淺了。

回憶裡的那個人，你還好嗎？當你向他人承諾昨日之誓言時，可曾知道自你轉身之後，我的世界是什麼顏色的嗎？可曾對我有一秒的內疚？那些說好的幸福，可曾關心過我放下了沒有？

回憶裡的那個人，你還好嗎？偶爾還會有人問起我們的曾經，當你的名字劃過我的耳邊時，我才清楚地知道，世界上最短的咒語是某個人的名字。

回憶裡的那個人，你還好嗎？面對昨日的誓言，你是否也會心酸？當我們的故事劃到你耳邊，你是否會感慨萬千？

回憶裡的那個人，你還好嗎？兩年以後的今天，我終於肯把那微微發疼的青春埋葬心頭，我不會再愛你了，不再等你了，不會再恨你了，你會不會有一絲失落？

　　回憶裡的那個人，你還好嗎？晨風吹走了諾言，陽光刺傷了我的夢，我們的故事全劇終了，以後我會愛上別人，我會戴上別人為我披的頭紗，然後成為人妻、人母。那些我們說好卻沒有抵達的幸福，以後會有人陪我抵達我要去的地方。

　　回憶裡的那個人，你還好嗎？謝謝你曾經贈予我的感動，謝謝你離開我，贈予我一回心疼的青春，卑微了承諾，荒蕪了記憶，頹廢了愛情，淹沒了塵埃，蒼老了誓言。

　　過去的美好記憶總有荒蕪的那天，儘管努力挽留也是白費心機，多捨不得也無能為力。那揮一揮手的瞬間，傷了好久的心！

　　時光會繼續前行，今天懇求我放過昨天，只有放過才能迎接明天的幸福。在幸福來臨時，我才能緊緊抓住他的手。

　　回憶裡的那個人，祝你幸福！

　　我百轉千迴的尋找，卻發現沒有任何能代替你。於是我對你心存感激，謝謝曾經的你，給了我最溫柔的回憶；謝謝曾經的你，給了我唯美的瞬間；謝謝曾經的你，給了我想念的理由。

遇見是兩個人的事，
離開卻是一個人的決定

好多年了，你一直在我的傷口中幽居，
我放下過天地，卻從未放下過你。

● ○ ○

我問他：「你要是喜歡一個女孩，你會怎麼辦？」

他放下手中的書：「告訴她吧。」

「那她不喜歡你怎麼辦？」我接著問。

他白了我一眼，說：「那是她的事。」

「那要是她也喜歡你呢？」我又問。

他溫柔地說：「這就是我們的事。」

「如果最後不得不離開呢？」我不依不饒地問。

他頓了頓，嚴肅地說：「遇見是兩個人的事，離開是一個人的決定，但我保證這個人不會是我。」

● ○ ○

　　有人說，愛情是兩個人的事；有人說，愛情是一個人的事。

　　都對，也都不對。但是愛情走到盡頭，卻是兩個人的責任。因為，遇見是兩個人的事，而離開，則是一個人的決定。

　　什麼時候開始眼光會偷偷轉向你，看看你在做什麼，你一說話就會仔細去聽，心不知不覺就裝滿了你。

　　我喜歡幻想了，我變成花癡了……。

　　我把這份喜歡偷偷地藏在心底，偶爾會情不自禁地在你面前流露出來。像我這樣的人是配不上你的。真的，什麼都好，這麼好的人怎麼會屬於我。我只能遠遠看看而已，偷偷喜歡罷了。

　　你知道嗎？我做夢都沒有想過自己會喜歡上你。這兩年來從來都沒有把你放在心裡的任何一個位置。可是現在我喜歡你了，滿心裡都是你。

　　我不知道該怎麼辦？原來無比想要離開這裡的我，竟然會因為喜歡你的心而無法割捨。明知道沒有結果，還要去嘗試，那是不是自找死路？

　　還是過不了心的這一關嗎？要怎麼把自己的心從深不見

底的地方拿回來？怎麼掙扎，卻還是一直淪陷……。

看不起這樣沒骨氣的自己，因為愛，忘記了一切。

討厭這樣的自己，討厭無能為力的感覺。

還是決定要放棄了，開始在人群中搜尋你的身影，然後希望自己可以避開，我知道，這樣的你，不是我的。

也許不能灑脫，也許不能快意一些，但是，慢慢地、慢慢地，當一切風平浪靜之後，我希望我會忘記曾經很喜歡過你。

「愛」發生的地方是心，沒有了心就無法去愛。於是，拋開感情，回歸一個人單純的生活變成了一條修心之路。

「愛」是兩個人的事，要看到對方的優點，還要包容對方的缺點。請相信，能走到最後的情感，不一定轟轟烈烈，而是歲月裡沉澱出的那份默默相守和不變的細緻關心。

愛情的路，通常要錯過幾回，痛過幾次，才能遇到一生願意相守的那人，所以當愛逝去了，就讓它過去吧。

痛苦會過去的，如果時間不可以令你忘記那些不該記住的人，那麼，我們失去的歲月又有何意義？

真正的愛情，是需要時間來等的。我們是因為自己不完

整，才需要另一個人，成就一份完整。也許有的人，自己就已具足完整，所以他們終其一生所做的，是不停的向外給予。

因為富足，才能給予；因為匱乏，才會索取。給予永遠不會挫折也不存在失敗，所以喜樂安寧；索取不會永遠如願以償，所以痛苦折磨、掙扎惶恐。

因為它不屬於你，所以連失去它都是虛妄。你怎麼可能失去從不曾屬於你的東西？

愛是兩個人的事，如果你還執著、糾纏，原地打滾痛苦地愛著，時過境遷之後，你會發現，是自己挖了個坑，下面埋葬的全部都是青春。

PART 5

不要對我好，我習慣了就會期待更多

一生當中，常常會遇到某個人，
他打破你的原則，改變你的習慣，成為你的例外，
然後歲月流經，不知不覺中，他成了你思念的首選，
成了你的孤獨的始作俑者，成了一種牽絆。

我不敢遠望，
怕心跟著流浪

其實我很好，

只是不習慣，

只是會偶爾難受一下，

只是會在某一瞬間突然很想某個人，

只是會在聽到某一句熟悉的話時很難過。

● ○ ○

和久別的同學相遇，幾句寒暄，他們互留了電話。

當晚，他收到了她發的短訊：「其實那時候，我喜歡過你。」

他的心微微痛了，因為那是他暗戀過的女孩。

他在螢幕上輸入「那現在呢？」

按發送鍵時卻又改成了「是嗎？」

● ○ ○

　　有一天，我沒那麼幼稚了，愛著的依舊是你，但是，我總是對自己說：我也可以過孤獨的日子。

　　唯有如此，失望和孤單的時候，我才可以不起波瀾地跟自己說：不是你對我不好，而是愛情本身就是短暫的，它曾經有多麼濃烈，也就有多寂寞。

　　你把思念又掛在了月梢，淡淡地灑下了無數心酸，枯黃的樹枝在寒風中折下了腰，背負著離別的傷，在月光下更加淒涼。

　　樹下翻滾的葉子，舐吻著冰冷的土地，跟跟蹌蹌地翻落在無人角落，祭祀著生命的無奈。紅塵嘆息著歲月的無情，在相思中淡化著自己的色彩。

　　我站在窗前，有點怨恨地想你。夜漫過孤寂的牢，隨意飄零著它的黑。

　　路旁的燈光附加著月光的悲涼，在孤獨的夜裡顯得更加淡然。風吹起夜的孤單，在窗外留下了寂寞的呼喊，那刻的心慌驚嚇了我的思念，破碎成了夜中的幽靈。

　　我不敢遠望，怕心也跟著流浪。你在我記憶的那頭，苦苦撐住了歲月的蹉跎，那份回憶折疊了我的思想，讓我在你的

記憶裡沉浮。

　　曾經的那份承諾，在思念中嘆息著緣分的無奈。曾經美好的相見，只會在想你時添加苦澀的味道。如詩如畫的離別，眼淚總會替代想對你說的話語。

　　我漸漸瞭解，我正愛著的人，是一個很難讓我瞭解的人。你會忘掉我在等待你，卻為我寫一首歌，聽到那首歌之前，我從來沒有想過，你對我竟是那樣情深。

　　你有本事令我快樂，也最有本事讓我流淚。你愛上一個人，說不出原因，不愛一個人，也不說原因。

　　生命或許偶然，紅塵中的你我只是一顆塵埃，無緣的相遇只會苦了相思，你留給了我無數美好的回憶，和那無盡的惆悵。

　　我像個末路的劍客，找不到已往的瀟灑，疲憊地戴上了想你的枷鎖。

　　我沒有停止過對你的想念，一直帶著奢望在等著你，等待著那見你時的心動，你卻沒給我再見的希望，留給我的只是心傷的回憶。

　　歲月慢慢塵封過去的故事，你又摻雜在新的故事裡，一

切的一切都離不開你的影子。你在我的歲月那裡編了個紅綢帶，夾在了記憶裡，從此心酸伴著我度過了每份思念。

　　原來在乎一個人的感覺，像田間的燎原之火般，瘋狂地蔓延，控制不住。越是在乎的人，越是傷你最深，越是在乎的人，越是猜不透。

　　漸漸地習慣你那少有的問候，漸漸地會心裡暗暗告訴自己沒什麼大不了，漸漸地不再去猜你的心思，漸漸地習慣了一個人的晚上獨自發呆，失眠到很晚而不去打擾你，漸漸地忘記了你曾說要一直等我，漸漸地忘記了曾經和你說過的那些話。漸漸地可以笑著對自己說，我可以獨自承受孤獨。

　　歲月像流沙，淹沒了青春的癡狂，卻埋不了你的記憶，我依然感覺到你的存在。只因有你，思念才如此的苦，只因有你，期盼才如此猖狂，一如那停不了的思念，訴不完的情緣。

　　紅塵已淡，思念依舊。歲月漫過思念的傷，在我心上刻了想你的疤。那無人的角落，我依然會在那裡等你……。

謝謝你，
送給我空歡喜……

請不要假裝對我好，
我很傻，會當真的。

● ○ ○

那是大學畢業前最後一次生日聚會，女孩接到了她暗戀好久的男孩的訊息：「以後每年，我都陪妳過生日。」

女孩感動得哭了，她為這句承諾等了很多年。

第一年，男孩說：「太忙了，晚點幫妳補過。」

第二年、第三年，男孩大概已經忘記了……。

到第五年，女孩終於選擇了離開，她留言給男孩道：「謝謝你，送我空歡喜，用它來祝我每年一度的生日快樂。」

● ○ ○

　　感謝你，送我一場空歡喜，那些曾經美好的回憶，已成往事。有些事，我不說，我不問，不代表我不在乎。

　　有些人，會一直刻在記憶裡，即使忘記了他的聲音，忘記了他的笑容，忘記了他的臉，但是每當想起他時的那種感受，是永遠都不會改變的。偶爾想起，記憶猶新，就像當初。我愛你，沒有什麼目的，只是愛你。

　　如果我能回到從前，我會選擇不認識你。不是我後悔，是我不能面對沒有你的結局。

　　有些東西我們可以拋棄，卻無法忘記，它靜靜地躺在記憶的深處，冷不防醒來，讓你心碎一場，激動一場，感嘆一場，然後又沉沉地睡去。

　　比這世上任何一個人都更加熱切地盼望他能幸福，只是，想起這份幸福沒有我的份，還是會非常的難過。

　　歲月，始終抹不平心底僅存的對於理想戀情的期盼，所以，以為的成長，只是蹲在原點畫一些無所謂的圈圈而已。當寂寥的歌聲響起，恍若幻化成了另一個自己，一個虛脫在邊緣的自己。

　　現實，於我還是太重，太多轉折，並且不可避免。就像

爬牆的壁虎注意腳下的時候，卻忘了初衷；就像我愛你，卻得不到你。

　　有一種等待，叫作恰逢花開，於人海裡遇見，無論之前如何，以後如何。

　　喜歡，只是單純的喜歡，當一開始的好感，隨著那抹淡笑逐漸加深，當明明很期待，卻很是害怕，已經掉進了那名為「喜歡」的漩渦，深不見底。

　　一直在逃避，逃避「若是接受就必然得承擔」的東西，像一個游走的小丑，看別人的戲，療自己的傷。

　　如果有一天，我從你的世界消失了，你會發了瘋似的跑遍大街小巷來尋找我嗎？如果有一天，我從你的世界消失了，你會緊跟著與我相似的背影，只為確認那是不是我嗎？

　　如果有一天，我從你的世界消失了，你會走遍我們曾去過的角落，只為拾起那曾經屬於我們的記憶嗎？如果有一天，我從你的世界消失了，你會像電視裡演的那樣，記著我一輩子嗎？

　　我想你不會，因為我不是你心目中最重要的一個，也不

是你不可缺少的一個。你的習慣，你的固執，是不會因我而改變的，即使有一天我真的消失了。

　　但是，我要告訴你，如果有一天，你真的消失了，我會痛哭流涕，就像孩子丟失了自己最心愛的玩具；我會發了瘋似地跑遍大街小巷去尋找你；我會緊跟著與你相似的背影，只為確認那是不是你。

　　我會走遍我們曾去過的角落，只為拾起那曾經屬於我們的記憶；我會像電視裡演的那樣，記著你一輩子。

　　也許，以後再也不會有如此純粹而不計後果的喜歡了；也許，只是一場精心策劃卻毫無進展的戲劇罷了。只是青春，不就是在跌跌撞撞中走過的荊棘林嗎？

　　而遇見你的時光，儘管只是獨白，也會以一封情書的樣子寫進時光裡，簡單，美好，有滲入內心的陽光味道。喜歡，愛情，或許一樣或許不一樣，只是於我，就像黑夜邊緣一道絢爛的彩虹看得見，摸不著。

　　有時候，越是在意，越是惶恐。擁有的時候就已經開始失去，而未曾擁有的曖昧在時間的催化之下，要麼分道揚鑣，要麼相濡以沫。

　　也許，遇見你時，花未開，月未圓，卻有一份期待已久

的等待在裝飾著所有，或許那時，星星都亮了。

就像九把刀說過的那句話：「我想做一個很厲害的人，想讓這世界因為有我，變得有一點點不一樣，而我的世界，不過就是你的心而已。」當然，這一切，在以後的記憶裡，或許，只是一個未完成的遺憾和空歡喜而已。

已經準備好失去你，
又突然聽到你的消息

我做好了要與你過一輩子的打算，
也做好了你隨時要走的準備，
這大概是最好的愛情觀，深情而不糾纏。

●　○　○

雖然和平分手，但心中終究還是有些捨不得。

情人節那天，他傳短訊告訴她：「今天，要去相親。」

她回覆：「祝福你，希望她是你喜歡的女孩。」

半個小時後，他在餐廳與她偶遇，當看到她手裡與他所拿信物一樣時，他說：「這真是最美的情人節！」

她說：「我已經準備好要失去你了，謝謝命運給我們的第二次相遇。」

●　○　○

人生如夢，繁華轉眼盡成空。風雨飄搖裡，幾度陰晴圓缺，輕嘆流年。彈指一笑間，一切卻又都恍若昨天。曾經的美好，在走走停停的日子裡，漸行漸遠，只留下一段曾經的回憶，蕩漾在心的最深處。

漫漫紅塵，誰又是誰的永遠？前世的多少次回眸，終只是換得今生的擦肩而過，匆匆一瞥，逝若驚鴻，誰又記得最初的美好？

我們只是路過，只是走過一段路而已，何必把回憶弄得比經過還長？

追憶是一種殘酷，有時候殘酷也是一種解脫。只要愛的時候是真心誠意相愛的，那麼就沒什麼遺憾的了。被人記起或者淡忘都是一件幸福的事情。

我願意被人淡忘，至少，伊人在水一方。又有誰說，愛之深，恨之切。愛的最終若是恨的話，又該怎麼忘卻？

人心時刻都在忘與念之間奔走，轉身的美麗和封存的滄桑，幾人能看透？幾人能做到？

總以為，放下所有的糾纏，就不會再有淚，就可以不再漂泊，就可以面朝大海，等待春暖花開。可是又怎知，越想

忘卻偏難忘卻。就那麼一聲輕輕的問候，就剝落了所有刻意的堅強。

原來，有許多事情，一直都不曾忘記，只是被記憶塵封，放在心底最深的角落，自己不去想起，卻也不讓外人觸及。只是，偶爾的夢見，卻還是格外的心痛，痛得自己不能呼吸。

固守千年的承諾，但我們終只是生命的過客，能點綴回憶的顏色，卻不是彼此的明天。

穿不過的紅塵，看不破的情緣，幾世的纏綿，終還是抵不過苦澀的忘卻，又有誰還記得那地老天荒的誓言？

一向固執地以為，愛情，一經入心，便是滄海桑田。

時間的沙漏沉澱著無法逃離的過往，記憶的雙手總是拾起那些明媚的憂傷。

青春的羽翼劃破曾經的留戀；昨日的淚水，激起心中的漣漪。總有一些畫面觸動歲月的神經，總有一段優美地的旋律縈繞心頭，總有一段回憶深埋心底。

人世間，每個人都曾為愛癡狂過，結局無非歡喜或憂傷。又是一年冬去春來，春暖花開，是否還記得我們曾如此相愛。

林徽因說：「記憶的梗上，誰沒有兩三朵娉婷，披著情緒
的花，無名地展開。當殘紅散盡，又有誰知，這娉婷該以怎
樣的寂寞去詮釋美麗？」

青春的愛情裡，總有一個人讓你笑的最燦爛，讓你哭得
最傷心，讓你痛到骨子裡。

如果愛過的人可以遺忘，如果走過的路可以重走，請許
我，用剩餘的時光，換取片刻的回眸，只為，記取你曾經的笑
容。

人說，煙花是最寂寞的，一剎芬芳，拼盡所有。人們只
看到她明媚的身影和燦爛的笑容，而燦爛過後，誰解香消玉
殞、黯然神傷的痛？稍縱即逝的愛情，終是在回眸一笑中緩緩
謝幕。

愛情，是一個蠱，迷到銷魂，痛到斷腸。而心，一旦跌
碎，便再也收不起。

有些人，早已相識，卻無關痛癢；有些人，剛剛相逢，
卻已是刻骨銘心。因為愛，所以懂得；因為懂得，所以慈
悲；因為慈悲，所以放手。一眼天涯，怎忍淚雨紛飛。

　　關於愛情，去的儘管去了，來的儘管來著。

　　關於思念，只不過是靈魂在梵音下的一次涅槃，我哭，我笑，都是永恆⋯⋯。

　　有人陪你，就好好珍惜；無人相伴，也要坦然前行。因為有些路，畢竟要一個人走。

分開以後，
我將自己活成你的樣子

最深沉的愛，莫過於分開以後，

將自己活成了你的樣子。

● ○ ○

「好久不見。」

「好久不見。」

在咖啡館裡遇見了三年沒見的她在鄰桌，他看著她喝的東西，愣住。

「妳喝的是咖啡？」他問。

「你喝的是茶？」她也一臉的意外。

很久以前，他愛喝咖啡，而她，喜歡茶的清淡……。

● ○ ○

　　我一直以為你生活的樣子是那麼的無趣，我也曾不止一次地對你說，以後的我一定不要成為現在的你。可是現在，我越來越發現，我在不自覺地，一點一點把自己活成了你的樣子。

　　你的微笑，是灑落在我記憶裡的一捧微塵，每當捧起它們，眼睛就會忽然被迷痛。

　　寧可一個人偷偷地去想去念，卻沒有勇氣再去拾起從前，借記憶的臂膀去擁抱你給過的一切，我遠遠地愛著你的時光，你再也看不到。不說再見，不問永遠，你的世界我曾經來過。如果有一天我不能繼續再愛你，也不想去傷害你。

　　總有一些陳舊的光陰，忽然造訪了我毫無準備的心靈。即使再美麗的路，卻已無法再回頭。

　　收割起那一季的思念，心靈的阡陌重回到寂寥的從前，或許今生我不會再去播種，因為那土壤下面已經埋藏了你的名字。

　　為一個人將甜蜜愛盡，默默地將一段情感放在身後。那愛著的人和愛著的心，成為人生驛站裡一個無法忘懷的故事。總在那些來了又去的愛情裡，學會了成長感悟。初見是

你的美麗，再見卻是滄桑如水的流年。

　　有很多的事情我已經都忘記了，但在某個細碎的時光裡，我還能恍然記起那麼多年以前的那個生活的細節，那麼似曾相識，碎碎點點，敲打心房。那些被我刻意遺忘的過往，其實一直在我心裡很深很深的地方。連我自己都驚訝，那些原本那麼平淡無奇的生活片段，原來已經深深地滲透了我的生活，成為了習慣。

　　我還常常說一些你曾經掛在嘴邊的話，只是這些話已經變成了我想說的話，是你早就種在我心裡的話。

　　我的心沒有那麼大的地方，放不下的那麼多的悲傷和喜悅，我細細地篩選過濾了那些悲傷往事，讓他們在歲月的塵埃裡漸漸散盡。

　　我一直認為我這一生也不會變成像你那樣的人，儘管我一直很想。但我沒有想到，在你離開以後，我卻不知不覺不可阻擋地重複著你曾經做過的事，說著你曾經說的話，像你那樣愛著別人⋯⋯。

　　我終於把自己活成了你的樣子，而你卻看不見。

　　我回憶著你的目光，想像著你在我身邊，也許你會很開心地笑，看我延續著你的生活。

　　也許，當我們再次相遇時，你會看到，一個更像你的那個我。也許，你會輕輕地和我打招呼，說一句「好久不見」，而我，也會像你打招呼那樣，輕輕地說一句：「好久不見。」

　　分開以後，我活成了你的樣子，也許只有這樣，我們才永遠不分開。

　　當你想念一個人的時候，盡情去想念吧，也許有一天，你再也不會如此想念他了，到了那一天，你會懷念曾經那麼想念一個人的滋味；當你愛一個人的時候，盡情去愛吧，也許有一天，當你受過傷害、承受過失望之後，你就再也不會那麼熾烈地去愛一個人。

　　可是，如果你曾經那麼深沉地愛過一個人，在他離開之後的日子裡，你會在不知不覺中變成他的樣子。像他那樣生活、那樣微笑、那樣思考、那樣去愛。

如果不能對我好一輩子，就不要對我好一陣子

如果你不能對我好一輩子，
請你不要對我好，就算只是一秒鐘；
如果你不能騙我一輩子，
請你不要騙我，就算只是一個字；
如果你不能愛我一輩子，
請你不要愛我，就算只是一瞬。

● ○ ○

　　他對她很好，寵得像是個公主。這一天，他送她回家，快到的時候，他說：「我們在一起吧。」

　　她沉默了，轉身就往家走。她很想答應，劇烈心跳使她無言以對。此後，他對她冷淡了很多，她很痛苦，像是被放逐了的公主，空落落的。再後來，他就徹底從她的世界裡消失了。

　　「也許他是一時衝動吧，總之，那不算愛情。」對於幸福，她總是遲疑。她已經不想知道，是她的遲疑錯過了，還是那本來就不屬於她。

● ○ ○

　　我沒時間去討厭那些討厭我的人，因為我在忙著愛那些愛著我的人。誰對我好與不好，我心知肚明；所以沒必要在需要我的時候對我好。

　　我要的愛情，一個你，一顆心，一心一意，一輩子。

　　偶然的開始，莫名的結束，終究不懂，如何才能釋懷曾經心動的驛站，曾經甜蜜的依偎，曾經情感的皈依，怎能輕易割捨？

　　為何你能如此說斷就斷，毫不留戀，難道曾經的心動只是彼此的錯覺，耳畔的承諾只是隨口敷衍？或許你早已決定，這段戀愛只是今生短暫的插曲，無法斷續為永恆。

　　原來，一個人就算再好，但不願陪我走下去，那他就是過客。一個人就算有再多缺點，可是能處處忍讓我，陪我到最後，那就是終點。

　　我們每個人都想找個十全十美的戀人，但人總有缺點。所以，生活其實很簡單，就是找一個我們願意忍受他，又能一起走到最後的人。

　　相愛很容易，相守卻很難。愛情很脆弱，任何一個人鬆手，都會分道揚鑣。

相愛就奔著結婚去，不要用青春賭愛情，因為我們賭不起。時間越長青春越少，用青春賭愛情，輸定了。

愛情不是一陣子，有責任的愛情，是一輩子的。所以，兩個人若白頭偕老，就需互愛對方，願意為對方付出，一起用力維持。

別等不該等的人，別傷不該傷的心。有些人，註定是生命中的過客；有些事，常常讓我們很無奈。愛情看得淡一點，傷就會少一點。

當愛情缺席的時候，我們要學著過自己的生活。過自己的生活，就是跟自己談戀愛，把自己當成自己的情人那樣，好好寵自己。

原來，真正的愛情，不是付出全部，而是讓自己成為更好的人。愛一個人沒有回應，與其乞討愛情，不如驕傲地走開。

在愛情裡，最在乎的一方，最後往往輸得最慘。找個讓你開心一輩子的人，才是愛情的目標。最好的，往往就是在你身邊最久的。所以，選愛人不需要太多標準，只要這三樣：不騙、不傷害和陪伴。

　　有的人用一瞬間愛上一個人，而終其一輩子愛著這個人。

　　問題是，這只是一場曠日持久的暗戀。對方根本不知道自己曾被愛過，還正被愛著。然而，並不妨礙這愛在延續，在綿亙，在一個人的心底獨自轟轟烈烈，且還要這樣，而天涯海角，而此生彼生。

　　忘記歲月，忘了自己。

　　有些永恆不必彼此廝守。有的愛純淨到，除了要愛著，沒有其他目的。

　　愛情就像海灘上的貝殼，不要撿最大的，也不要撿最漂亮的，要撿就撿自己最喜歡的，撿到了就永遠不要去海灘。

　　如果一個人真的愛你，距離不是一個問題，它只會成為一種滋長愛情的力量。

　　我希望有這麼一個人，給我波瀾不驚的愛情，陪我看世界的風景，許我一世的歡顏。

越在乎的人，
越不能承受他對自己不好

如果你給我的，和你給別人的一樣，

那我，寧可不要了。

● ○ ○

　　你選擇和她在一起之後，我們分開了。這座小城不夠大，不夠繁華，所以我們不期而遇。你問：「過得好嗎？」

　　我說：「挺好啊。」你說：「我不好。」

　　我問：「你現在又是一個人了嗎？」你說：「是的。」

　　我說：「爲什麼？」你說：「在等妳回到我的身邊。」

　　我問：「爲什麼等我？」你說：「我愛妳。」

　　我說：「我也愛過你，但是我們已經不可能了。」你問：「爲什麼？」

　　我說：「因爲在我以爲你很愛我的時候，你也在很愛另一個人。如果你給我的，和給她的是一樣的，那我寧可不要了。」

● ○ ○

　　深夜，偎在沙發裡，枕著殘存的一絲溫暖，我哭了。我，好像一向是那麼不懂掩飾自己的人。

　　我的心房，溢滿了你的氣息，那熟悉的、清淡的香水味道，淡淡地在我的心裡，繞成一圈霧煙，迷離了一個人的、孤獨的夜。

　　可是你也許從來不知道，一直以來，我以為你是我的唯一，那麼我也會是你的全部，殊不知，在驀然回首間，我們之間一直是不平等的關係。

　　我記著，某年某月的某一天，陽光下，你露出了微笑，那微笑猶如一張帆，網住了我所有的繾綣與纏綿。

　　從那一刻起，你的微笑，成了我的世界裡的陽光，雲淡風輕是我嚮往的日子。我多麼渴望在你的眼裡，沉淪下去，不問前世，不求來世，只願今生與你一起，在這個五彩繽紛的世界裡，塗抹一道最幸福明媚的色彩。

　　我知道你懂。你懂我的心，你懂我的意，你懂我的情。這些你都懂，可是為何，你卻忍心傷害我？狠心將我一個人放逐在時光的原野，讓我為了你，苦盼黎明與朝霞。

　　有的時候，極愛一個人，便失去了自我。難怪有人說：

「當你放下戒備，全心全意地對一個人好的時候，你就變成了瞎子」。

在所有的情感裡，愛情尤甚。愛著的兩個人，在彼此眼裡，儼然是世界上最美好的兩個人，缺點不再，優點滿滿盈盈，風也輕了，水也清了，雲也淡了，雨也停了，陽光出來了，只因有彼此，只因有愛。

我愛你，也是如此。

你的一個眼神流轉，便輕易俘虜了我的心，再沒了矜持，再沒了自我，再沒了驕傲，為你，我情願低到塵埃裡。

而就算低到塵埃裡，我依舊是歡喜的，只要，只要能夠看到你臉上的微笑，淡淡地盤旋在唇角，那麼於我，日子就是甜蜜的、幸福的。

我的喜怒哀樂是由你對我的態度決定的，你喜，我便樂；你悲，我便傷。你的一舉一動、一言一行都那麼深刻地印在我的腦海，讓我欲罷不能地迷戀。

可是，別問我你有什麼好。只是我愛，便以為你的所有都是好的。

那最初的最初，你也是愛我的，愛得沒有了原則，愛得

忘記了時間。我們將愛情故事演繹得那麼動人，彷彿時間停
止了流逝，只為我們而駐足在這一刻，瞬間，成永恆。

　　愛著的時候，我是你手心裡的寶貝，疼著、惜著、愛
著，生怕一不小心便失去了。

　　愛著的時候，你是我生命裡唯一的熱情，暖暖地安放在
心靈最深處，輕輕憶起，就是一種深入骨髓的幸福。

　　美好的事物總容易消逝，難道我們之間的愛也是如此
嗎？

　　我以為，彼此握緊的手，是任何困難都不會沖淡的堅
定；我以為，我們內心裡的執著，是時光無法推移的牢固；我
以為，你愛我，一如我愛你，那麼篤定，恰似磐石。

　　可是，為什麼到了最後，我們之間除了爭執，再沒了往
日的溫存？那些甜蜜的過往，被一日復一日的爭吵取代了，溫
情不再，歡樂不再，幸福不再。唯有的，只是對於過往甜蜜
的放不下。

　　不在寂寞的時候相愛，卻在分手的時候，被錐心刺骨的
寂寞所侵襲。寂寞伴隨著夜的降臨，在我的夢裡糾纏。沒有
你的日子，我失去了所有的興趣與熱情，變得頹廢、落寞、失

望，看不到一絲陽光。

　　我們之間，陡然淪落為最熟悉的陌生人，躲在沒有彼此的城市裡，偷安。

　　一年、兩年、三年，數載之後，浮沉、沉浮之後，我才發現，原來，我們之間的過去，再美好，也已經是往事，是永遠無法追尋的曾經。

　　你在我的生命裡，已經是過去式。

　　也許，當初不該與你那麼近，以至於我到現在都無法適應與你突然疏遠的距離；也許，曾經不該與你那麼好，以至於現在我們不好的時候，我也會如此不好。

你不敢給予，
我不敢奢望

當我感覺不知所措時，我就會想到你。

想到你已不屬於我了，我便暗自慶幸，

因為你若出現，只會讓我更加不知所措。

● ○ ○

她牽著她男友的手，和他擦肩而過。

她回頭，他也回頭。

他看著她牽著男友的手，心裡隱隱作痛。

她的男友是他的小學同學，正和他打著招呼，驚訝地說：「太不可思議了，聽說你出國了，竟然還會在這裡看見你。」

他發著呆，並沒有聽到她男友的話，只是看著他們的手。

她的男友問她：「你們認識嗎？」

他們同聲地說：「不認識。」

● ○ ○

儘管我曾經那麼期待著你的關心，可是我已經被期待折磨得涼透了心。

我想，過陣子再確定能不能喜歡你吧。只有這樣，我就能知道，你是否是三分鐘的熱情，我也能知道，我是否做好了應對最壞情況的準備。

我選擇等待，並不是我不嚮往你的愛情，而是想證明我對你的一份癡情！

要知道，我從見到你的那一秒鐘起，我就愛上了你。

我知道，許多愛你的人常對你這個被寵慣了的人說這句話。但是我相信，沒有一個人像我這樣盲目地、忘我地愛過你。

我對你永遠忠貞不渝，因為世界上任何東西，都比不上孩子般在暗地裡悄悄所懷的愛情，因為這種愛情如此希望渺茫、曲意逢迎、卑躬屈節、低聲下氣、熱情奔放。

只有孤獨的孩子才能將他們的全部熱情集中起來，其餘的人則在社交活動中濫用自己的感情，在卿卿我我中把自己的感情消磨殆盡。他們聽說過很多關於愛情的事，讀過許多關於愛情的書。

他們知道，愛情是人們的共同命運。他們玩弄愛情，就像玩弄一個玩具，他們誇耀愛情，就像男孩子誇耀他們抽了第一支香菸。

但是我，我沒有一個可以向他訴說我的心事的人，沒有人開導我，沒有人告誡我，我沒有人生閱歷，什麼也不懂：我一下栽進了我的命運之中，就像跌入萬丈深淵。在我心裡生長，那裡安放的就只有你，我在夢裡見到你，把你當做知音。

在我的心裡你就是 —— 我該怎麼對你說呢？任何比喻都不為過分 —— 你就是一切，是我整個生命。人間萬物所以存在，只是因為都和你有關係，我生活中的一切，只有和你相連才有意義。

我的心像琴弦一樣繃得緊緊的，你一出現，它就不住地奏鳴。我為了你，時刻處於緊張和激動之中，可是你對此卻毫無感覺，就像你對口袋裡裝著的繃得緊緊的懷錶發條沒有一絲感覺一樣。

懷錶的發條耐心地在暗中數著你的鐘點，量著你的時間，用聽不見的心跳伴著你的行蹤，而在它滴答滴答的幾百萬秒之中，你只有一次向它匆匆瞥了一眼。

每次看戲，我在入場時都抱著平常心，直到看到某一幕、某句對白、主角的某一個眼神時，我就會決定，因為這個點、這個細節，我喜歡或討厭這齣戲。我總認為，無論去留，都有個做決定的點吧。

因此我努力回憶，到底我是在哪個點讓你決定不再想愛我，哪句話令你不願再跟我走在一起。

會不會是我要求了什麼，令你開始討厭我？還是我沒有要求什麼？是我講了什麼？還是我某些話講得不夠多？是我忽略了你感受？還是我擁你擁得太緊？

你，我，我們，都不知道。

當初的愛戀，還在眼前縈繞。你就好似上天替我設置的一個圈套，讓我奮不顧身地跳了進去。讓現在癡心的我，不能離開，不能逃遁，我把所有的力氣都用來愛你了。

如今的我，已經沒有了力氣去逃離你的掌控，也沒有勇氣離開你的左右，我像是一個愛情的傀儡，一個愛情的木偶，任你操縱。

驀然回首，發現鏡子裡憔悴的自己，才了解一個道理：原來，不愛的人，是感受不到離別的煎熬的，只有我這樣飛蛾撲火、癡心不改的人，才會受到痛徹心扉的煎熬。

如果僅僅是喜歡，
何必誇張成愛

愛情常常把人抽空，留下一具空軀殼，
然後揚長而去。
所以我，始終對愛情有戒心。
我能接受一開始就單薄的愛，
卻接受不了一份愛由濃轉淡。

● ○　○

她接到喜歡了七年的他的電話。
他對她說：「我們在一起吧。」
儘管電話那頭有別人的竊笑聲，她仍淡定地說：「好啊。」
然後她問：「大冒險又輸了吧？」
他說：「我選的是真心話。」

● ○　○

　　越長大越是小心翼翼，越是瞻前顧後，越是脆弱。成長，帶走的不只是時光，還帶走了當初那些不害怕失去的勇氣。但如果僅僅是喜歡，又何必誇張成愛？如果僅僅是喜歡，又有什麼捨不得？

　　總要慢慢成熟，將這個浮華的世界看得更清楚，看穿偽裝的真實，看清隱匿的虛假，很多原本相信的事便不再相信。但是，要相信，這個世界裡美好總多過陰暗，歡樂總多過苦難，還有很多事，值得你一如既往地相信。

　　從前有一個人突然闖入你的生活，教會你什麼是愛，然後他就離開了。其實，這表示你的一生之中至少有兩件最幸運的事情；一件是時間終於將你對他的愛消耗殆盡；另一件事，很久很久前有一天，你遇見過他，那個讓你心動，又心痛的人。

　　很多時候，你會因為一個名字而喜歡上一種東西，因為一種顏色而喜歡上一種花，因為一種氣質而喜歡上一個人。你可以喜歡的東西有很多，但真正喜歡的，或者可以稱之為愛的，卻一個都沒有。

　　喜歡是一個很奇妙的東西，它來源於某種感覺，某種似曾相識的熟悉，某種一見如故的緣分，某種一見鍾情就再也捨

不得放開的心情。

　　你會分不清究竟是因為一個東西從而愛屋及烏地喜歡上它的名字，還是因為一種花而喜歡上這種顏色，又或者是因為一個人而喜歡上他的氣質及所有。

　　所以，喜歡可以，但請不要將愛氾濫，不要那麼膚淺地只看見一個東西，又或者是一個人的表面就喜歡，還敢大言不慚地說愛，你愛嗎？

　　你若僅僅只是因為有那麼一刻的喜歡就把它定義成為愛，這一切就太輕浮了，請問你有瞭解過它嗎？你知道它的過往嗎？你僅僅只是有那麼一點點的喜歡就可以把它誇張成愛了嗎？

　　如果你真正地愛一樣東西，又或者是愛一個人，應該是想著要將它藏起來，不被人發現，就像是自己的私有物一樣。因為在愛裡面，人都是自私的，沒有誰會願意分享自己真正愛的東西，這不是小氣，而是因愛到深處，不能自己。

　　如果你可以將自己喜歡的東西送人，恐怕你應該自我反省一下：這真的是自己很愛的東西嗎？如果真的愛又怎麼捨得將它送人呢？喜歡是可以與人分享的，而愛卻不能。

　　生活中就有這樣的事：你接連數月每天都碰到一個人，於是你同他的關係便親密起來，有可能是喜歡，但絕不是愛。你當時甚至會想：沒有了這個人，還不知怎麼生活呢，但這依舊不算是愛。後來兩人分開了，但一切仍按不曾遇過那人的從前。你原先認為一刻也離不開的夥伴，此時卻可有可無。日復一日，久而久之，你甚至連想都不想他了。

　　所以說，忘不掉的是回憶，繼續的是生活，錯過的，就當是路過。

　　一路上的行走，你會遇上很多人。有的人也許是陪你走一站的，有的人也許只是一個過客，於是生命中留下了許多逗號，一段經歷一個逗號，一段感情一個逗號，一段付出一個逗號，無數個逗號的等待，只為最終那個句號。

PART 6

有多少人，以友情的名義愛著一個人

一生至少該有一次，為了某個人而忘了自己，

不求有結果，不求同行，不求曾經擁有，

甚至不求你愛我，

只求在我最美的年華裡，遇到你。

前進走不完距離，
後退走不出回憶

有一些人，這輩子都不會在一起，

但是有一種感覺卻可以藏在心裡，守一輩子……。

● ○ ○

「我女友臨時有事，妳假扮一下她，跟我去見我父母好嗎？」他在電話中急切地請求。

「好吧。」她打扮完前去。

他感激地握住她的手說：「真的很感謝妳！」

「沒什麼，舉手之勞而已。」她冷冷地抽回手，口是心非地回答。

其實，她心裡正難受著：「我知道我只有假扮的份。其實，我是多麼心甘情願能假扮一輩子。」

● ○ ○

　　我們都曾經愛著對方，真實而深刻地愛著，卻被那要命的自尊擋在門外，不敢跨出那一步，寧願看著對方牽起別人的手。然後在很久很久以後才明白，原來你也這樣地愛過我。

　　如果當初我勇敢一點，結局會不會不一樣？但沒有人能回答，空氣裡也只剩下一句「事到如今……」便沒了回音。

　　都說世界上最幸福的事是你喜歡的人恰好也喜歡你，但如果不知道對方的喜歡而錯過，是不是應該叫做世界上最遺憾的事。

　　其實愛情本來是簡單的，一句我喜歡你作為告白便已足夠。但我怕你不喜歡我，到最後尷尬難堪。我原可以轉身離開，但我捨不得你，也怕你因為失去朋友而難過，所以，那就這樣吧，這樣，就足夠了。

　　我開始扮演起你最好朋友的角色，聽過每一首你愛的歌，看過每一部你喜歡的電影。你推薦的書不睡覺也會將它看完，連你喜歡的食物也開始嘗試，並且竟然讓自己從此相信這就是自己最愛吃的，為的就是和你有更多的共同語言，讓你覺得我不至於乏味。

　　悄悄地翻過你的每一則狀態，看過每一張照片，就連下

面的評論也一條不落，然後再點擊刪除來訪記錄，為的就是看到你眼裡那驚喜的光芒，就算只是說一句「你竟然知道」。

這一刻燃起的成就感，彷彿能蓋過所有的難過和無奈。

有時候就是這樣，愛了你好久好久，不開口是因為覺得你懂我的，你只是不夠成熟，玩夠了自然會回到我的身邊。可是我太過自信，直到最後一刻才發現自己終究失敗了，你和那個剛剛認識的女孩牽手了。

為什麼在一起那麼難？我怕自己不夠好，儘管你那差勁的戀人連我的一半都不及。我擔心你不喜歡我這類型的，儘管和我在一起的時候，你笑得比任何時候都多。我覺得自己太粗枝大葉只適合當哥們，儘管你一個小動作，我便看懂了你的喜怒哀樂。

我總是有太多的理由，彷彿有一條巨大的溝壑橫在我們面前。

有人說，感情裡最苦澀的是暗戀，因為對方永遠不知道你喜歡她。但我說，最苦澀的莫過於我借友情的名義愛著你。

明明那麼近，卻不能觸碰，因為不想離開，卻要忍受你和別人的一次次的戀情，看著你每一次的哭泣和歡笑。很多

時候，明明有很多話想對你說，可是見到你的時候，卻什麼也說不出來。於是，用笑得更大聲來掩飾那落寞的表情，拍拍你的肩膀說一切都會好起來的，拼命抑制住想要擁你入懷的衝動。

就算，最後看著你和別人進行著甜蜜的戀情，也只能笑著祝你幸福。

其實，我想說的是，被愛的人不用抱歉。

我也許會無數次難過，懊悔，恨自己的矜持和謹慎，讓我錯失了心愛的人。其實我早就懂了，長久的陪伴只是為了讓自己不後悔，假若能在最後牽起你的手固然是好的，但若沒有，也不會太遺憾，因為我們已經互相成為生命中最珍貴的記憶之一。

若干年後，相信我可以笑著說出那句「我以友情的名義愛過你」。只是故事的最後，我們沒有在一起。

有多少人，
以友情的名義愛著一個人

將來，也會有人懂你、珍惜你，

用我喜歡你一樣的方式喜歡你，

想到這裡，我就輕鬆了好多。

● ○ ○

　　在女孩暗戀男孩的第四年，男孩買巧克力送給另一個人，還要女孩幫忙寫情書。女孩心酸，但還是認真地幫他找了許多告白的句子，讓他抄下來。

　　他寫到第五十次才滿意，興奮地跑了出去。她則嘆氣著幫他把寫得不好、扔在地上的情書收拾好。

　　回到家，她把情書上面女孩的名字劃掉，輕輕地寫上自己的名字，紅著眼眶微笑起來。

● ○ ○

曾經多少次在無聊的時候想起你的形象，多少次在陌生的場景裡遇見你的身影，不知不覺，卻發現已經喜歡上你了。遇見你是命運的安排，成為了朋友是我的選擇，而愛上你是我無法控制的意外。

如果友情也是一種愛，我們曾那樣深深地愛著彼此，一路艱難相扶，走過那幾年又傻氣又甜蜜，足夠回憶一生的青春。

當我走在街上，偶然碰見和戀人一起走的你，我的眼睛不經意地看到幸福相牽的手，也要裝作毫不在意地笑一笑。因為正在以友情的名義愛著一個人，必須學會忍耐，然後，可以在背後偷偷地流一滴淚。

在商店的櫥窗裡看見了你喜歡的一些東西，只能視而不見。如果還是忍不住想送給你，也要這樣說：「這是本來想送給別人的，還是給你了。」

其實根本沒有想到別人，只為你買了那些東西。如果正在以友情的名義愛著一個人，必須這樣做，然後，可以在背後偷偷地流兩滴淚。

聽到你病了的消息，也要和周圍的朋友一樣，只能擔心

一點點，只一點點。其實，很想知道你哪裡疼，怎麼疼，很想分擔你的痛苦，心如刀割、焦急，但是還是要裝作泰然。

　　如果正在以友情的名義愛著一個人，必須這樣做。然後，可以在背後偷偷地流三滴淚。

　　有些時候，或者在呼吸的每一個瞬間，都在想念你，也要忍住。即使很想很想你的時候，也只能用聲音代替這份相思苦，也要安慰自己這是你的聲音。如果這樣也不足，那麼也只能以不合邏輯的名義約你出來，解這份相思苦。

　　如果正在以友情的名義愛著一個人，必須要學會忍耐，然後可以在背後偷偷地流四滴淚。

　　有一句話很想對你說：「我愛你。」這一句不長的話，很想要自己親口傳遞給你的話，不應該在不經意的時候說出來。即使這樣也忍不住說的時候，也要用你聽不懂的方式開玩笑似地帶過去。

　　如果正在以友情的名義愛著一個人，必須要學會自我寬慰，然後可以在背後偷偷地流五滴淚。

　　有些時候，面對難以接受我們的愛情的人，只能利用友情的名義，成為繼續留在他身邊的人之一。

人與人的相識，就如流星，縱是瞬間的碰撞和燃燒，那份震撼和感動卻照亮了一生，這樣的相遇本該是愛情，可我們之間，卻是友情，不用說山盟海誓，依然能夠地老天荒。

我以友情的名義愛著你，更多時候是去懂你，如俞伯牙和鐘子期，彈奏高山流水的恢弘大氣，蕩滌內心的清明。我們聽懂了彼此內心的聲音，讀懂了對方的眼神，然後在各自的世界裡，絕不犯規。

當我沉默地面對著你，你又怎麼知道我曾在心裡對你說了多少話。當我一成不變地站在你面前，你又怎麼知道我內心早已為你千迴百轉。

以友情的名義，我愛了你那麼久，可是我們最後沒有在一起。我以友情的名義愛著你，美好又含悲傷，絕望又有希望。

我好想你，
卻不露一絲痕跡

對你最好的那個人，

換句話說，也就是最好欺負的人。

天下間的女孩，

總是最會欺負對她最好的那個男孩。

● ○ ○

女孩神經大條，接人待物總是大剌剌的。男孩喜歡這個女孩，卻從不露痕跡。

當男孩多次靠近女孩，女孩茫然不知，整天沒心沒肺地胡鬧，她覺得，這個世界，沒有性別，只有嬉笑。

某天，女孩拿了檸檬，有點惡作劇地對男孩說：打賭，你一定沒辦法吃下去。

男孩依舊不言語，慢慢地、淡定地把檸檬吃掉了！

女孩的心跳亂了，這才發現，他是個男孩。

● ○ ○

　　我好想你，卻不露一絲痕跡，就像是一隻鴕鳥，把頭埋在深深的沙子裡，以為這樣就可以逃離，以免面對有你和沒有你的世界。

　　我變得沒自信，怕失去，怕被拒絕，怕我根本在你心中沒有地位。

　　我愛笑，你竟然是我放聲大哭的唯一原因；我愛鬧，你是我失落安靜的唯一原因。

　　習慣一個人看雨中的風景，能讓心情很靜很靜，似乎每滴雨兒都裹著你的身影，滋潤著我的眼睛。

　　習慣一個人看天上的星星，能讓思念很濃很濃，似乎每顆星星都閃爍著你的神情，羞紅了我的容顏。

　　愛你一直很安靜，愛你或許你不懂，雨中的風景有著潮濕的心情。

　　我想要的幸福，也許是你偶爾的關心；我想要的幸福，也許只是你抽空而來的一個微笑，又或者只是你一個吃醋的表情。我想要的，只是一個擁抱，不用太溫暖、不用太用力，輕輕抱抱就好……。

　　人是一種渴望持久感情與安穩生活的動物。即使如此，

如果遇到挽留不了的人和物，就不必挽留。

　　人的一生表達了太多自己的驚恐和不安。所以，未曾開口，有多在乎都深埋在心底。朋友說，那是害怕失去，所以默認，不做解釋。

　　淡然地面對生活，安靜地面對感情。人真正的淡然，不是裝出來的。真正安靜的愛，是那種因為瑣碎，少有波瀾的生活，才能孕育出的安靜，是少有索求的心，才能藏住炙熱而深沉的愛。

　　在這個人人浮躁、流行速食愛情的時代，不是每個人都能在自己的內心深處為自己的真愛留一個安靜的空間，選擇彼此安安靜靜地去享受那份來自心靈深處的純潔、高尚，不摻雜任何名利、金錢。

　　安靜的愛，聽起來似乎很美，但要真正做到這一點卻極其不易。但你若真正地愛上一個人，你就會很安靜地愛著他，即使交換來的，只是偶爾的關心。

　　當你靜靜地思念著自己心愛的人的時候，溫暖就會從你身體的每個毛孔溢滿全身，這樣的幸福會讓你被愛包圍，讓你煩躁的心情獲得片刻的安靜。

　　學會忍耐，學會替對方著想，學會控制自己的情緒，學會安靜地去愛，把心愛的人放在自己靈的最深處，彼此用心交流。

　　那種安靜的愛就如同盛開在角落裡的玫瑰，雖然失去了眾星捧月般的陪襯，雖然沒有萬眾矚目的祝福，但卻依然安靜地盛開在兩個相愛的人心中，散發著淡淡的、持久的清香。

　　如果此生不能相隨，希望我們能如一朵雲飛過清溪，彼此不留影子才好；如果此生能夠相隨，希望能像清風比鄰水面，彼此靜安和寧。

友情以上，
戀人未滿

有個人，

他會在眾人之間一眼看到你，

然後讀懂你，理解你，

不是愛情，勝似愛情。

● ○ ○

他和她是好哥們兒。

「我喜歡你！」他對她表白。

她以為他是要耍她，說：「別開玩笑了，不好笑。」沒聽他解釋，她轉身就走了，她討厭拿這種事開玩笑的人。

一個星期後。「我喜歡你！」他再次的對她表白。

她還是不信，她以為他因為上次耍不到自己，而又想再來鬧她，她說：「別開玩笑了，別耍我了好不好。」

說完，他還來不及解釋她便又轉身走了。再後來，他們成了無話不說的朋友，而他再也沒開那句「玩笑話」。

● ○ ○

　　你與他偶爾是會打照面的，只不過是在夢裡，因為潛意識的指引，這個照面彷彿是電影裡的特寫，就是那種宇宙洪荒只有彼此的眼光。

　　他看著你，你看著他，眼中只有彼此，世界諸端通通靜寂。這一個照面過去了，你夢裡夢外與他的相交也岔開了。

　　再之後你醒過來，屋裡似明似暗，你整個人也像是睡了好幾千年，但那一個照面的情景仍舊在腦海裡，在你坐著回神的那一會兒裡，彷彿是要侵擾你下半生的那種前奏。

　　但現實是：你們相識，只是朋友的身份。

　　有一種朋友，那是一種介乎於愛情與友情之間的感情，你會在偶爾的一個時間夢見他，然後默默地想念他，想起他時，心裡暖暖的，有一份美好，有一份感動。

　　在憂愁和煩惱的時候，你會想起他，你很希望他能在你的身邊，給你安慰，給你理解，而你卻從沒有向他傾訴，你怕屬於自己的那份憂傷會妨礙他平靜的生活。

　　你會因為一首歌曲，一種顏色，想起他。想起他的真摯，想起他的執著，想起曾經和他一起經歷過的風風雨雨。

　　因為有了這樣一個朋友，你會更加珍惜自己的生命，熱

愛自己的生活，因為你知道他希望你過得很好，他希望你能好好地照顧自己，再見面時，他希望你能告訴他你很幸福。

那些世俗的觀念，在你的心中，因為他的存在而變得蒼白無力，你只是在心底深處為這個人設置了一處小小的空間，靜靜地固守著那份美好的回憶。

從一開始你就知道，在你們之間不會有什麼愛情，似乎談起愛情就褻瀆了這份情感，這只能是一種友情。這到底是怎麼一回事呢？你想了許多年，卻始終沒有頭緒。

你們很少聯絡，在這長長的一生中，你們相聚的時光也許只有幾萬分之一，但是在彼此的心中都保留了一份惦念，一份囑咐，就算他到天涯海角，就算過了許多許多年，就算再見面時，早已是人非物亦非了，你仍然會那樣深刻的記著這樣一個人，這已經足夠了。

生活有時候平靜的會像一口枯井，也許你也會掉進這口枯井裡去。也許你沒有什麼天荒地老、海枯石爛的愛情，也許華髮早生、滿鬢蒼白。

但是有了這樣的一位朋友，在你的生命中就會有些許漣漪，些許色彩，你想著他，默默地記起他，也許此生此世都不

會忘記了。

　　其實，現在慢慢回憶起來，那時心情會大起大落，有幸福的時候，也有絕望的時候，都算是一份獨特的經歷。也許，他就是教會了你成長的那個人。

　　你從不恨他，只是卑微地希望，他偶爾回憶高中生活的時候，會想起曾經有一個人偷偷地喜歡過他。

　　你很感激在這個世界上，有這樣的一個人，他不在你的身邊，他也並沒有為你做些什麼，你卻希望，他會過得很好，長命百歲、子孫滿堂、幸福安康……。

　　你也很高興有過那樣的一份感情，純淨而又綿長，在這紛繁複雜的人世中，有這樣的一個朋友，值得你去祝福，去思念……。

你那時很好很好，
我卻偏偏不喜歡

在有些人離開之後，

才會發現離開了的人，才是自己的最愛。

● ○ ○

　　她去參加一個追了她很久的男孩子的婚禮。雖然那個男孩曾經用了很大很大的力氣去追求她、討好她，可惜她覺得自己從來不愛他，所以更多時候她是在享受男孩對她的寵愛，並且習慣了給男孩冷漠。

　　在新郎新娘交換戒指的時候，她的心忽然疼了一下。她忽然意識到自己已經不是他手心裡的寶、他的公主了。

　　她終於明白：在你為一個人心疼的那一刻，其實已經錯過了他。

● ○ ○

　　我終於瞭解，原來自己錯過了那麼多。曾經可以陪在我身邊的時光，讓我最終一點點失去了對愛情的信心，想起這些，比失去你，更讓我心痛。

　　如果選擇離開我，能讓你感覺快樂一點，我希望你不要回頭，勇敢地往前走；如果可以讓時間倒轉，我一定會更加珍惜你，不會讓這一切，變成可惜。

　　人生何處相逢，或是天命，抑或人緣。

　　向來緣淺，奈何情深，你那時很好很好，我卻偏偏不喜歡。當我意識到這一切時，你早已不在我身邊。和你之間，我的腳步似乎總是遲來。

　　不是所有的夢都來得及實現，不是所有的話都來得及告訴你。內疚和悔恨，總要深深地種植在離別後的心中。

　　儘管他們說，世間種種，最後終必成空，我並不是刻意要錯過。可是我，一直都在這樣做，錯過那花滿枝椏的昨日，又要錯過今朝。

　　愛情，是人生中最無法預知的變數，正因如此，讓我們彼此心中都繫有那個深深的結。有人在愛與被愛間徘徊，有人在追與不追中猶豫，有人為此放棄了本不應該放棄的，有人

為此錯過了本不該錯過的，卻成了永久的過錯！

水暖水寒魚自知，花開花謝春不管。夏天來了，我們才想起了採擷花朵，可是我們已經錯過了花期；汽車開動了，我們才姍姍來遲；當那個朝思暮想的人就站在面前的時候，我們卻茫然地讓其擦肩而過。

錯過了花期，錯過了出發，錯過了佳人……人生中該有多少錯過啊！

如果來年春天，你看到柳絮飛舞，飛飛揚揚之間又滯留著幾許思念，那是我送你的禮物，願春天與你相伴；如果來年夏天，你聞到陣陣花香，香氣撲鼻，看到朵朵夏荷，純真浪漫，又有青松翠柏，茂盛異常，帶給你無限生機，你是否會想起我？

而或金秋，走在林陰小道上，落葉紛飛，滿地堆積，恰如遍地黃金，金光閃閃，給你帶來溫馨，你會不會想起我？冬至飛雪，白雪如羽毛般純潔，堆積成一個個惹人喜愛的尤物，當看到那一切，你會不會想起我？

還記得，在我因煩亂的事情而失去方向的時候，總會有你為我在黑暗的夜晚指點通往光芒的道路……。

　　還記得，在我因身旁的事物而暴跳如雷的時候，總會有你在瘋狂的境遇裡為我找到冷靜的理由……。

　　還記得，在我因凡事的得失而暗暗悲傷的時候，總會有你在深沉的山谷裡讓我發出感人的笑聲……。

　　還記得，因為你，我瞭解了事物該有的變遷；因為你，我學會冷靜；因為你，我學會怎樣用正確的方法來表達我對身邊人的愛……。

　　因為你，我學會了太多，領悟了太多，得到了太多，在我感覺自己越來越幸福，擁有很多成長的時候，帶給我這麼多的你，卻離開了……。

　　猛然的離開，晃得我心疼，我無法釋懷，前一刻，心中那不深不淺的感覺又翻湧上來，你在哪裡？

　　人總有太多藉口忘了很多事，忘了吃飯，忘了睡覺，忘了生活，忘了包容，忘了體諒，忘了用心，忘了傾聽，忘了訴說。我們總嗇嗇自己的語言，那一句「我想你」哽在喉嚨裡卻怎麼也說不出口。

　　愛一個人，一定要讓他知道，因為，你不會知道，他是不是也正好愛著你。

　　當一個人習慣了另一個人的存在的時候，即使沒有喜歡

和愛，依舊會感到失落，會有點難過。

　　我們都能勇敢地面對「你愛的人不愛你」，但是誰都無力面對「一個愛你很久的人轉身離去」。或許，有一天當他真的離開了，你會發現，真正離不開彼此的，是你，不是他。

謝謝你，
喜歡過我

被喜歡的人不過是一個軀殼，

靈魂其實是我們自己塑造出的神。

看透這件事之後，我突然一陣失落。

原來我害怕的，根本不是你從未喜歡我，

而是總有一天，我也會不再喜歡你。

● ○ ○

　　他和她是大學四年的好朋友，他結婚那天，她主動要求全程跟拍。半個月後，他來找她：「妳拍的照片呢？婚攝公司拍得太差！」

　　她歉意地說：「真不好意思，檔案不見了。」

　　「不見啦？不會吧」他壞壞地笑了笑，然後熟絡地從書櫃上取下了相機。她阻止不了，眼睜睜看著他，然後呆住。

　　他苦笑，照片沒遺失，只是沒有新娘的鏡頭而已。

● ○ ○

　　地球上有那麼多國家，那麼多的島嶼，那麼多的人群，而我們，卻奇蹟般的相知相遇。像大雄遇到多啦 A 夢，海綿寶寶遇到派大星，像藤原拓海遇到夏樹，像百合遇到雪花。

　　這個時間，這個地點，不早不晚，我們能夠遇見，這是多麼大巧合的事情。而你曾經還喜歡過我，這又是多麼神奇的事情。

　　我們認識已經五年了。

　　你那天告訴我，你認識我是在我上台做自我介紹的時候。我很驚訝地問你，怎麼記得最初認識的場景呢？你笑笑說：「嘿嘿，就是記得啊⋯⋯」

　　因為我一直認為，兩個人，特別是很要好的朋友之間，很難得記得最初相識的場景。

　　這讓我想起這五年，我們的友情。準確地說是，超越友情，未及愛情。

　　其實，從朋友口中，我知道你喜歡過我，但沒有對我說出口。

　　也許你對我的包容，就是從這種未說出口的喜歡中「變質」過來的吧。

　　你真的是僅有的能容忍我的壞脾氣的人吧。心情不好的時候，和你聊天，你成為我的垃圾桶，以最大容量包容我扔出的所有的垃圾，甚至有時情緒會波及你。

　　你會在最短的時間內，回我的訊息或電話。

　　你會是在我不相信我自己的時候，一直鼓勵我的人。

　　在你的意識裡，我一直是優秀的，我什麼都能做到，而且做到最好。

　　你就是這麼鼓勵我的。

　　我們之間，因為是我先知道你喜歡我，所以我知道，有些事情是不能說的。

　　反而這兩年，你交女朋友了，感覺和你什麼都能說了，甚至想什麼都一起分享。

　　之前，有一天，我對你說：「突然想寫信了。」

　　你說，「寫給我吧。」

　　寫信給你之後，我發訊息對你說，「記得去拿哦」。

　　從那之後，我隔個兩三天就問你收到沒有。一個多月後，你說，「我每天都去找，那個管理員阿姨都說我『你真是執著啊』。現在終於到了……」還絮叨因為我的字寫的太小了，你之前才沒找到。

　　半個月後，我收到了你的回信。原來在你眼裡的我，和我想做的那個我是那麼契合。

　　你還告訴我，你本來在一把扇子上寫了一首藏頭詩，向我告白的。可是後來一直沒拿給我，現在還藏在櫃子裡。

　　你還告訴我，之前我骨折住院的時候，你因為有事沒有和大家一起來看我。後來又因為自己一個人不好意思，才一直沒來。

　　你還告訴我，我笑起來的時候最可愛。

　　不管你裝得再怎麼像普通朋友，我還是可以感覺到你對我的喜歡。不，應該說是重視。你對我，很重視。讓我覺得，自己很幸福。

　　我很喜歡你喜歡我，我只是覺得，後來的人都不夠喜歡我。經歷過你是怎麼喜歡我，我就會覺得其他人對我的喜歡，無論如何都沒辦法跟你相比。

　　謝謝你，原來沒有告訴我這些。

　　謝謝你，以前喜歡過我。

　　謝謝你，讓我們的友情一直到現在。

　　我不知道，我們的這種友情還能走多遠。但我知道，只

要我願意，你會一直在我身邊的。

　　我想說，謝謝你的包容。當你在的時候，我真的很踏實。

　　「晚安，」這是你不變的問候。

我把青春耗在暗戀裡，是因為友情比愛情長遠

在兩個人的感情世界中，長久維持的，
不是心有靈犀的睿智，不是旗鼓相當的欣賞，
更不是死心塌地的仰望，而是心疼，是憐惜，
是兩難境地裡那沁入骨髓裡的捨不得。

● ○ ○

　　他喜歡她，每天送她一顆愛心，她也喜歡他，但他們都不明說。她對朋友們說：「他若是送滿了 520 個愛心，我就跟他當戀人。」

　　他聽朋友們說了，只是笑笑。

　　她數了數房間裡的愛心，一共是 519 個。還差一個她就會接受他，可是這天始終沒有到來。多年以後，他和她又見面了。

　　她問他：「為什麼不送最後一個。」

　　他說：「因為朋友比戀人更長久。」

● ○ ○

友情，進一步可以成為愛情；愛情，退一步卻不再是朋友。

所以我們之間，選擇成為長久的朋友，而沒有勇氣為愛情冒險。所以我們之間，更像是在繼續暗戀，既沒有正大光明的戀情，也不是苦大仇深的單戀，而是不溫不火的友情。

單戀是痛苦的，但暗戀卻是最美的。在一切都還來不及開始的時候結束，才是最令人回味的。

在他的心裡投下一顆石子，那浪花小小的，水波慢慢地散開，輕輕的撲打著他的心房。那些微的顫動介乎愛情和友情，很微妙，很溫暖，也很窩心。

雖然相見也和從前一樣，但是我們相望的眼裡漸漸的有了些內容。你會牽念我的身影，我會盼望你的腳步。當我們有機會並肩站著的時候，會感覺對方的溫暖，但僅僅是這樣。

最後，儘管他們都離得很遠，儘管只有我們兩個人，但那些話，終究沒能說出口。佛祖拈花，迦葉微笑，我們都已會意，但終究沒能說破，卻只是因為太過在乎！

或許，每個人的生命中都曾有過一場暗戀，或華美、或平凡，或長久、或短暫，或輕描淡寫、或刻骨銘心。

　　總之，那些或深或淺、或濃或淡的情愫，都曾悄悄地來過並且深深地藏在我們的心底，為我們斑斕的回憶留下了一道甜蜜而憂傷的風景。

　　暗戀的心是卑微的，卑微到不敢面對他溫暖的笑容，不敢正視他清澈的眼神；卑微到不敢表露自己的一片深情，只能無奈的把它放在心裡；卑微到沒有勇氣走進他的生活、分享他的喜樂。

　　所以，不管你的愛有多深、有多濃，你都只能默默地走在他身後，躲在喧嘩的人群，做一個忠實的守望者，守望著他的幸福。

　　你害怕與他相遇時臉紅心跳的尷尬，卻又總是期待著與他有一次浪漫的邂逅。你會在與他擦肩而過時，羞澀地低下頭不敢看他那張早已熟記於心的臉，卻又總是會悄悄回頭偷看他遠去的背影。

　　暗戀也是寂寞的，因為不管你有多努力、有多用心，故事的主角都只是你一個人，一個人上演著波瀾起伏，而另一個人的世界卻依舊平靜如水。

　　你為他哭過、笑過，痛過、傷過，可是這些都只是你自

編自演的劇情，雖然你華美的故事裡的主角是他，可是他始終未曾出現。甚至沒有一句台詞，沒有一幅畫，只是靜悄悄的隱藏在你的心裡，操縱著你的喜與悲。

這些年，雖偶有聯繫，但真的很淡，淡得如同那年你離去時我們臉上的惆悵，只有自己能讀懂。

花未全開月未圓。一切都剛剛好，在沒開始的時候說了再見。我們都沒有勇氣說破那幾個字，但卻將對方種在了心裡。總是以為，幸福就在下個轉角等待我的到來。

如果人生是一趟旅程，而我們就是在幸福的那一站前猶豫著，卻都沒有想到這一轉身就成了錯過。

我們之間，總是選擇同樣默契的方式沉默著，即便錯過也在所不惜；我們之間，總是更在乎友情，在乎一種可以長久的存在關係，所以即便失去也在所不惜。

因為我們知道，友情比愛情長遠。友情這種愛，可以名正言順，無拘無束。這種愛，不求回報，心甘情願。

舉著友情旗號的暗戀，就像是夏季的薔薇，它要讓所有愛過它的人痛徹心扉。但因為友情比愛情長久，所以，在所不惜。

是不懂方寸的友情，
還是亂了方寸的愛情

好朋友挺好的，可進可退，
永遠處於不會被傷害的位置。

● ○ ○

珠寶店裡，他跟她一起選購著戒指。

「妳覺得這個如何？」他把戒指戴在她的手指上。

售貨員說：「小姐，您戴上這個戒指多漂亮啊！」

她點點頭，笑容有點僵：「就這個吧。」

他買下了它，但是要送給他女朋友作為生日禮物的。

而她，只是他的「哥們」，陪他選購而已。

● ○ ○

　　憋住眼淚就跟憋住一句話很想說的話一樣困難。明知道說了出來也許會後悔，明知道說了之後就再也不能回到純真的友情關係，還是忍不住說了出來。

　　要是那一刻，能夠拼命把話憋回去，永不說出口，那該有多好啊？

　　我常常想起你，一個會讓我笑得小心翼翼的人。一個我曾經自顧自地表白過，然後開始變得疏遠的人。

　　你常向人描述的你最愛的風景，那是全長兩百米的暗紅色橢圓跑道，顏色各異的碎小石塊鋪就的梅園小徑，還有宿舍院裡傳說已有百歲高齡的參天黃楠樹。

　　你述說的時候雲淡風輕，然而眼裡盛滿的像是隔過雨天看海般憂鬱迷濛的情愫，不知幾人讀得出。更不知有幾人能理解，你銘記的，其實從來不是這些所謂的風景。

　　你銘記的，是在三千米長跑精疲力竭時，他投過來的明亮如昨的微笑。是蜿蜒的跑道上刻下的深深淺淺的腳印，以及那些陌生或者親密的腳印之間發生的離合悲歡的情節。

　　你銘記的，是臘梅開遍梅園時，暗香浮動，你與他執手相看寧心相隨的靜好，是流動於小徑內久久不願散去的秘密心事。

　　你銘記的，是陽光從黃桷樹寬大的嫩綠間透下來時，你仰著頭，天真尋找光點之上自由的天堂。是哭泣的樹身上，一筆一劃用心雕刻卻依然免不了扭曲難看的名字。

　　你銘記的，不是單純的風景，而是站在風景裡抵死不認的人。你懷念的，不是陳舊的時光，而是住在時光裡絕口不提的愛。

　　那是些還沒開始擁抱未來與現實的年月，在微微的壓抑與叛逆裡輕易尋找到紓解的途徑。一個偶像明星，一本武俠小說，或者翹一天課，唱一首情歌。都很容易滿足，如此而已。

　　瑣碎的、普通的，卻也能讓經年之後的你閃著淚光，汩開心底最柔軟的不捨。

　　你不捨的，是商店裡十分暢銷的巧克力味冰淇淋，是共同喜歡著搖滾樂的男孩女孩，是每一次的嬉笑打鬧，每一回的同心協力。而你最不捨的，是你自己。是那個簡單、隨性、小聰明、無所顧忌的你。無可複製，沒有雷同。

　　你一直有種愛憎難明的糾結情愫。你說，已過了使用感嘆號的年紀。

　　換而言之，便是你已失了朝氣蓬勃的年華。冷靜、自持，不輕易的表露情緒，然而內心的敏感並沒有一起消亡，你仍會為著一股異味幾乎不敢呼吸，也會在意某人的一個標點與語氣。

　　你說，對人與人的交往缺乏信心。

　　確實是沒有了信心。有過朝夕數年的陪伴，到如今隔了數座城池，彼此都沒有力氣再乘著火車翻山越嶺，歡天喜地的聚首。

　　遇見了是緣分的引導，天時地利的巧合，帶一點預感與神秘。我和你就是這時候遇見的，當然，我們之間，從來都是友情。你讓我知道了你的所有秘密，於是，你偶爾的憂傷，我總是能夠感同身受；你偶爾的長吁短嘆，我總是能夠理解。

　　但是我卻不知道，從何時起，你的過往帶給你的憂傷，竟也成了我的心事。

　　不相見時，承諾會去偶爾掛念對方，而再多的掛念，也逃不過相忘的死局。太絕對的承諾等同於欺騙，所以你聽我說「永遠是好朋友」時，笑得很牽強。

我做過最勇敢的事，
就是聽你說你們之間的愛情

那些出現在青春年華裡的人，
不論愛情還是友情，都刻骨銘心。
因為他們教會你勇敢，教會你堅強，
教會你等他們全部離開時，
你可以一個人向前走，不害怕，不迷茫。

● ○ ○

那年他十五歲，她十四，他們在一棵小樹上刻下誓言。

他寫：「就這樣愛妳。」

她的話刻在下面：「一輩子不離開你。」

後來他們長大了，很自然地分手，很自然地各自婚嫁。那棵樹長得很高，當年的誓言分成了兩邊。一邊是：「就這樣，一輩子。」另一邊是：「愛你，離開你。」

刻「不」字的地方則長出了一根樹枝，枝頭開著紅花。

有時候，誓言會幫你說一個謊。

● ○ ○

　　你心中有這樣一個人嗎？你們可能相愛過，你們也可能喜歡著彼此，但是，為了什麼原因你們沒能在一起？

　　也許他是為了朋友義氣，不能追你。

　　也許為了顧及家人的意見，你們沒有在一起。

　　也許為了出國深造，他沒有要你等他。

　　也許你們相遇得太早，還不懂得珍惜對方。

　　也許你們相遇得太晚，你們身邊已經有了另一個人。

　　也許你回頭太遲，對方已不再等待。

　　也許你們彼此在捉摸對方的心，而遲遲無法跨出界限。

　　不過即使你們沒在一起，你們還是保持了朋友的關係。但是你們心底清楚，對這個人，你比朋友多了一份關心。即使不能跟他名正言順地牽著手逛街，你們還是可以做無所不談的朋友。

　　他有喜歡的人，你口頭上會幫他追，心裡卻不是很清楚，你是不是真的希望他追到。

　　他遇到困難時，你會盡你所能地幫他，不會計較誰又欠了誰。男女朋友吃醋了，你會安撫他們說你和他只是朋友，但你心中會有那麼一絲的不確定。

　　每個人這輩子，心中都有過這麼一個特殊的朋友，很矛

盾的行為。一開始你不甘心做朋友，但久了，忽然發現這樣做最好。

　　你寧願這樣關心他，總好過你們在一起而有一天會分手。

　　你寧願做他的朋友，彼此不會吃醋，才可以真的無所不談。

　　特別是這樣，你還是知道，他永遠會關心你的。做不成男女朋友，當他那個特別的朋友，有什麼不好呢？你心中的這個特別的朋友……又是誰呢？

　　很多的感情，都因為一廂情願，最後連朋友都做不成了。常常覺得惋惜，有一些友情，最後卻因為對方一句喜歡你，如果你沒有反應，這一段友情似乎也很難維持下去。也難怪有些人會因此不敢踏出這一步。

　　因為這就像是一場賭注，表白之後不是成了男女朋友，就是連朋友都當不成了。

　　是可惜，也是遺憾！但有沒有可能是另一種情況，你永遠都不甘心只是朋友……。

　　別再抱怨命運的不可靠了。不可靠的哪是命運啊，不可靠的只是人心而已。

　　你要是有心跟人家走下去，就不要怕什麼。別總是羨慕人家的感情，自己從來不付出也不堅持。既然你們在一起了，就好好走下去吧。

　　如果結局是一敗塗地，你可以說：「我當年為了喜歡的人狠狠地堅持了一次，雖然現在我們不在一起了，不過沒關係，為了她，我願賭服輸。」

　　如果結局是無疾而終，你也可以說：「我當年為了喜歡的人狠狠地改變了自己一次，雖然現在的我們不常聯繫，不過沒關係，我還是有勇氣，去聽她和他之間的愛情。」

　　也許，只有深深愛過的人，才有這般勇氣，去聽愛的人的愛情故事吧。

高寶書版集團
gobooks.com.tw

高寶文學 075
我害怕，你說你也喜歡我

作　　者	夏林溪
主　　編	楊雅筑
封面設計	黃馨儀
內頁排版	賴姵均
企　　劃	何嘉雯

發 行 人　朱凱蕾
出　　版　英屬維京群島商高寶國際有限公司台灣分公司
　　　　　Global Group Holdings, Ltd.
地　　址　台北市內湖區洲子街 88 號 3 樓
網　　址　gobooks.com.tw
電　　話　(02) 27992788
電　　郵　readers@gobooks.com.tw（讀者服務部）
傳　　真　出版部　(02) 27990909　行銷部 (02) 27993088
郵政劃撥　19394552
戶　　名　英屬維京群島商高寶國際有限公司台灣分公司
發　　行　英屬維京群島商高寶國際有限公司台灣分公司
初版日期　2022 年 4 月

國家圖書館出版品預行編目 (CIP) 資料

我害怕，你說你也喜歡我 / 夏林溪著 . -- 初版 . -- 臺北
市：英屬維京群島商高寶國際有限公司臺灣分公司，
2022.03
　　面；　公分 . -- (高寶文學；GLA075)

ISBN 978-986-506-092-3(平裝)

1.CST: 戀愛　2.CST: 兩性關係　3.CST: 通俗作品

544.37　　　　　　　　　　　　111002946